精养育孩子

写给中国家长的育儿指南

郑明 赵静 方晓娅 ◎ 著

SPM 南方出版传媒 广东人民出版社

·广州·

图书在版编目（CIP）数据

养育孩子 / 郑明，赵静，方晓娅著 . —广州：广东人民出版社，2020.9

ISBN 978-7-218-14446-7

Ⅰ．①养… Ⅱ．①郑… ②赵… ③方… Ⅲ．①儿童教育－家庭教育 Ⅳ．① G782

中国版本图书馆 CIP 数据核字（2020）第 156255 号

Yangyu Haizi

养 育 孩 子

郑明 赵静 方晓娅 著

版权所有 翻印必究

出 版 人：肖风华

策划编辑：陈世艺
责任编辑：陈泽洪 李幼萍
执行编辑：张文博 吴春妮
责任技编：吴彦斌
封面设计：钱国标
内文设计：杜 玲

出版发行：广东人民出版社
网　　址：http://www.gdpph.com
地　　址：广州市海珠区新港西路 204 号 2 号楼（邮政编码：510300）
电　　话：（020）85716809（总编室）
传　　真：（020）85716872
天猫网店：广东人民出版社旗舰店
网　　址：https://gdrmcbs.tmall.com
印　　刷：广东鹏腾宇文化创新有限公司
开　　本：710 毫米 ×1000 毫米　　　　1/16
印　　张：14.25　　　　字　数：270 千
版　　次：2020 年 9 月第 1 版
印　　次：2020 年 9 月第 1 次印刷
定　　价：49.80 元

如发现印装质量问题，影响阅读，请与出版社（020-32449105）联系调换。
售书热线：020-32449123

I NTRODUCTION
内容简介

　　作为父母，在养育孩子的过程中，我们总是会遇到各种各样的问题：在他还是幼儿时，操心他不好好吃饭，不听话，尿床，哭闹着不肯去幼儿园；待他上学后，又发愁他不会自己写作业，上课注意力不集中，在学校打架或者被欺负；等他长大，就变成担心他学习进度跟不上，叛逆，沉迷游戏，早恋，等等。

　　孩子还小的时候，我们觉得只要他健康、开心就好，不用要求他太多，可慢慢就会发现并没有那么简单！于是我们在各种育儿理念中徘徊，以此希望能针对问题对症下药，但实际情况却是孩子一出现什么问题，我们就陷入自责，而身上的责任却只增不减，根本拿不准怎么做对孩子才是最好的。放过眼前，孩子、大人是都高兴了，可一想到以后，孩子没出息，回头会责怪我们，心头一紧，还是得咬紧牙关地"念紧箍咒"。

　　渐渐地，虽然是为了孩子好，但我们却成了他眼中的恶人。怀里软糯的小宝贝忽然就成了最讨厌我们的人，父母心头的滋味，在这世上又有谁能说清楚。

　　我们苦恼自己的孩子总会遇到各种问题。其实，育儿就是在和孩子的动物本能作对抗，这一定是困难重重的。但这些困难，说到底都是让孩子学习、提升能力的机会。

　　本书的总体思路，就是不把陷在问题困境中的孩子当作"离经叛道的问题儿童"去驯服、教化。因为，不只是你的孩子遇到问题需要解决，每一个孩子在成长的过程中都会经历这些问题，只不过有些家庭以接纳来应对，还把这些问题变成了孩子成长的契机。

　　这些家庭是怎么做的呢？

　　首先是要面对一个现实：没有一个孩子的成长是顺利的。

因为孩子习得能力的过程，就是他自己去不断尝试的过程。在没有任何人关注他的情况下，只靠自己解决一个问题，并积累一点成就感，然后回头看着做成的那件事情，孩子就对自己产生了一点信心，觉得自己还不错。这些小的信心越积越多，他慢慢就从这些小的成就中练成一项能力。等他自己的能力逐渐增强，他就会慢慢变得相信自己、尊重自己。

所以，育儿过程如果有一种一劳永逸的方法，那就是要去培养孩子自己解决问题的能力。

父母永远没有办法代替孩子去经历属于他自己的生活，包括体验他必然会遇到的挫折。因此，我们编写这本书的目标就是帮助父母成长，同时去培养孩子独立解决问题的能力。而这个目标的起点就是家长与孩子的关系，也叫亲子关系。

亲子关系包含两种内容。第一种是依恋关系，指的是孩子对父母的那种天然的、依恋的情感。孩子信任父母，和父母在一起时感觉是安全的，且双方之间是相互尊重的。第二种是教练关系，指的是在孩子自己获得能力的过程中，父母陪伴孩子，给孩子情感上的支持，做孩子消极情绪的容纳器，同时也做孩子坚强的后盾和忠实的粉丝。

我们需要将教练关系与师生关系加以区别。师生关系指的是老师把自己获得的知识和经验全盘传授给孩子。但获得这些知识以后，孩子怎么把这些来自他人的二手经验变成属于他自己的能力呢？这个过程就需要教练的陪伴了。

当孩子心里不痛快时，他可以把这个不痛快的情绪向教练倾诉，让自己的情绪平静下来，继续投入到学习的过程中；当孩子陷入低谷，迷茫无助，不知道怎么向前的时候（比如孩子遇到不会做的题目，或者不想上学了），教练可以将孩子的优势转换成激励孩子再次面对挫折，帮助他形成坚韧不拔、不怕犯错、不怕输的韧劲儿，从而获得抗挫力。

但是教练与老师的真正区别在于他不是手把手地向孩子教授知识。就算他自己本身不是个中好手，也能成为好教练。秘诀就在于他懂得如何激发出孩子本身的潜力，让孩子不断地突破自己。

孩子在学校里已经有很多老师教他知识，但他需要时间和空间把这些知识转变成属于自己的能力，这时就需要一个好教练陪着他。

因此，最好的亲子关系就是依恋关系与教练关系的相互平衡，这也是本书的核心理念。

本书一共分为4章。

第一章：把尊严还给孩子，让孩子尊重父母。

这部分内容的目标是让父母和孩子之间再次联结，找回以前所拥有的、但后来失去的那种亲密的依恋关系。在激烈的争吵与责骂中，在面对培养情感还是培养能力的纠结中，给父母们多一些选择，既能有效避免和孩子的冲突，也能和和气气、不吵不闹地制定规则，让孩子去遵守，培养习惯。

第二章：想培养优秀的孩子，先做高情商的父母。

在联结的依恋关系中，在父母、子女相互尊重的基础上，父母慢慢过渡到教练的身份。教练最基本的作用就是接纳孩子，看到孩子身上明显的优势和潜在的能力，在困境中陪伴、支持，激发孩子的主观能动性。这一切的开始，首先需要父母能够接纳孩子的情绪，为孩子树立一个高情商的问题解决者的榜样，让孩子有模仿学习的对象，从而最终解决问题，为能独立面对和掌握自己的生活做好充分的准备。

第三章：把孩子自己解决问题的机会还给他。

孩子成长的过程实际上就是社会化的过程，主要分为两个方面：一方面是人际交往，另一方面是解决问题。

在人际交往方面，我们期待孩子能与别人建立和谐的人际关系。从孩子上幼儿园开始，他就需要独立面对社会关系。很多时候当他遇到困难时，父母是没有办法在第一时间去帮助他的。此时如果他身边的小朋友或者老师能够主动和他站在一起，对孩子积极的性格和自我意识的养成都有极大的推动作用。所以，孩子从小就需要学习情商的养成，具体包括：能够认识自己和别人的情绪，理解自己和别人做一件事情内在的需要和动机。慢慢地，孩子就能够管理和调动情绪为自己服务。

在解决问题方面，孩子需要学会的内容有：尝试自主创新地解决问题，站在不同角度思考，培养辩证思维能力，考虑后果，以及独立制定计划并执行计划的能力。

这些能力似乎每一个看起来都很复杂，但是孩子每一天所独自面对的生活却时时刻刻都在这几个方面考验着他。因此，培养孩子的高情商和独自解决问题的能力，并不是给孩子提升某些高阶能力，给他锦上添花，而是为他雪中送炭。

因此在第三章，我们不仅会带来能够真正解决问题的方法，同时也展现了引导孩子的技巧。最重要的，是培养父母对孩子的信心和孩子对自己的尊重。

第四章：理论结合实践，让家长有更多选择。

根据已有的调研结果，孩子在校的人际关系问题、独自完成作业问题和厌学问题是目前最令家长困惑的 3 个问题。因此，在本书的最后一章，会分别列举 3 个真实的案例，为各位父母一一解读这些困惑背后的原因和应该采取的具体应对方法。

作为本书的编写者，我们希望，父母们通过阅读本书，在育儿路上每遇到一个波折时，不再迷茫无助，而是能冷静坚定地告诉自己，总有办法能解决问题。同时，孩子望着身边高情商的问题解决者，也能学会不畏挫折，享受属于自己的人生之路。

G UIDE
阅读指引

为了帮助读者更好地吸收和掌握本书的知识点，请详细阅读此指引。

本书的每章内容主要分为 5 个板块：本章摘要、本章学习目标、每节内容、每节家庭作业、本章总结与作业。最后一章还提供了案例集。现就每一板块内容的使用详情加以说明。

一、本章摘要

每章的摘要部分揭示了该章的中心主旨，涵盖该章学习内容的起点、方向与大目标，也是读者学习过程中的一个新的标志。

二、本章学习目标

每章的学习目标部分将该章节的大目标细化成可落实执行并且保证章节大目标能有较高实现效率的小目标，也呈现该章几节内容之间的逻辑结构。读者可根据每章的学习目标来规划自己的学习路径，同时不断调整学习策略。

三、每节内容

每节内容包含案例、理论、理念与方法 4 个方面，将科学的理念、方法与案例相结合，帮助读者更好地理解理论，同时通过可执行的方式给读者的实际生活带来改变。

四、每节家庭作业

每节内容的家庭作业都是根据该节所给出的方法制定的，旨在实践方法并落实到读者的行动之中。要保障方法的有效性，其中一个很重要的因素是执行过程，因此请读者坚持按照要求完成家庭作业。

（一）记录位置

我们在每一节内容最后的家庭作业的板块预留了空间，可让读者详细地记录思考与执行细则，然而理念与行为的成长变化从来不只是一个节点，而是一个过程。

（二）不拘泥于形式

在实际执行中，你会发现每篇作业都只是为你开启成长改变之旅的记录、思考和设计行动方案提供一个记录模型，但是由于篇幅有限，还不能满足每一种理念或行为不断成长改善的变化规律的需要。因此，请读者根据实际情况，就每一个理念和行为形成长期的思考总结、记录启发感悟的习惯。

（三）内化过程

设立家庭作业的最终目的就是不再纸上谈兵，而是将方法转化成行动。行动带来改变和成长，成长强化行为的动机，从而促进育儿理念不断地内化。这样每当遇到育儿困扰时，父母会感觉内心安定，因为总有方法和新的选择，不至于用明知是错的方式来对待孩子。

五、本章总结与作业

每章内容都有一个整体的学习目标和小的学习阶段，本章总结部分旨在帮助读者进一步去复习该章的核心知识。我们还在每章的结尾设立一个小的整体性作业，目的就是为了帮助大家从一个更为宏观的角度去理解和应用在该章所学到的理念和方法。

六、案例集

由于本书涉猎的内容较广，涵盖不同阶段儿童的养育方法，而读者的育儿过程往往只处在某个阶段，为使读者既能将知识融会贯通，为当下的困扰答疑解惑，也能未雨绸缪，为未来的育儿挑战做好准备，我们在最后一章中合编了一套案例集。请读者在阅读案例后，根据自己所学的知识为案例中的主人公出谋划策，也可以参考我们所给出的建议进行调整，或者超越我们的水平，创造出更具智慧和实践性的新方法。

希望本书能够让你成为真正的亲子关系建设者。

CONTENTS
C 目录

第四章　理论结合实践，让家长有更多选择

后记

第一章

把尊严还给孩子，让孩子尊重父母

【摘要】

为人父母，本质是爱。但即使是最爱孩子的父母，也可能会难以理解孩子的逆反行为，忍不住用呵斥、争执的方式来对待孩子。在本章中，我们将和家长一起去应对这些困扰，帮助家长去关注孩子的积极行为、学习温柔而坚定地制定并执行家庭规则，并通过对一项长达 30 年的育儿研究（详见第六节）的分析学习，去了解优秀父母所具有的特质。

【学习目标】

1. 理解孩子逆反行为的原因，能对孩子做到接纳、肯定，并和孩子共同面对困难。

2. 了解呵斥、争执这些方式非但无益于问题的解决，还容易激化与孩子的矛盾；能够管理情绪、改变心态，进而改变呵斥与争执的行为。

3. 能够关注到孩子的积极行为，给予肯定、表扬和奖励；并学习在尊重孩子的基础上，制定合理可行的家庭规则。

4. 参照一项历经 30 年的纵向育儿研究，观察养育了优秀孩子的父母的特质，从更为整体的角度去整合所学的理念与方法，学习融会贯通地运用科学的育儿理念与方法。

● 第一节
走进孩子逆反的内心

多蹲下来听孩子说话，你看到的将是一个纯真无瑕的世界！

——阮庚梅

一、育儿路上的困扰

在养育孩子的过程中，我们总是会遇到各种各样的困扰：在他还是幼儿的时候，操心他不听话，尿床，哭闹着不肯去幼儿园；待他上学后，又发愁他不会自己写作业，上课注意力不集中，在学校打架或被欺负；等他长大，就变成担心他学习跟不上，叛逆，沉迷游戏，早恋……

让我们回想一下孩子小时候玩积木的场景。一开始，孩子小心翼翼地搭积木，到搭得很高的时候，他突然很愤怒地一把推倒积木，哭了起来。家长在一旁看到孩子前一秒还玩得好好的，后一秒就哇哇大哭，不明所以，难以理解他为什么会有这样的表现。

其实，家长只看到了孩子"哭"这一外在行为，没有看到孩子的内在心理需求。孩子实际上是在用这样的方式来寻求父母的关注，希望父母给予及时的支持。

看似是孩子莫名其妙地推倒了积木，其实是当积木搭到一定高度时开始变得倾斜，孩子看着快要倒塌的"高塔"，并不知道如何才能让它变得稳固，也不知道还能不能再次加高，更不知道它什么时候就会倒下来而害怕，内心充满了恐惧和挫败感。这种复杂的情绪让他愤怒地推倒积木，开始大哭。

但是因为年龄太小，他还不能清楚地表达自己的感受，也不会主动地去寻求帮助，他能做的就是更加地生气，哭得更加地厉害，甚至还会扔更多的玩具。面对孩子的哭闹，家长没有有效的调整方法，只能无奈。

二、孩子逆反行为的原因

（一）表层原因

1. 孩子遵守规则的能力发展不充足

不同年龄阶段的孩子能力发展水平不同。例如，3～6岁的儿童还没有完全发展出规则意识，尚处于规则意识的萌芽期，是非观念比较模糊，他只知道受表扬是好事，被批评是坏事。当他被表扬时，他是欢喜的；被批评时，内心是内疚、难为情的，同时也会有愤怒。即便如此，这时的孩子还不能够说清楚自己的情绪。

2. 情商训练不足

孩子的年龄小，因此很多事情都不能完全按照他自己的意愿进行，他会因而经常体验到挫折感。同时，他的语言表达能力也尚在发展当中，并不能及时表达自己的感受和内心需求，因此很容易用比较极端的方式发泄情绪和表达诉求。

所以很多时候，小孩子表现出暴躁和极端行为，究其原因都是他的情商训练不足。

（二）深层原因

孩子渴望被接纳、被尊重、被爱。孩子问题行为的深层原因是：每个人都有被接纳、被尊重、被爱的深层需求。

通常，孩子会通过两种方式获得父母的关注和爱。第一，做出成绩，与家长的意愿一致。这种是积极的行为方式，比如争当班干部、三好学生，帮助父母做家务，

上课积极举手回答问题，等等。第二，叛逆、搞破坏，与家长的意愿相反。这是一种消极抗争的行为方式，如果孩子的积极行为没有得到父母的关注，他就会以另一种"问题行为"的方式来获得父母的关注。比如哭闹、给父母捣乱、做作业拖拖拉拉、逆反，或者无声对抗、不愿意和老师同学交流、沉迷手机游戏，等等。

当孩子表现出"问题行为"的时候，我们是不是才会像触电似的立刻回应孩子，并在很长的时间内关注孩子？然而当他表现好的时候，我们总会理所当然地觉得一切正常。

孩子内心有一种担心：如果我不够好，如果我考试不理想，如果我犯了错，惹爸爸妈妈生气，他们还爱我吗？要做到永远不犯错，或考试成绩一直良好实在很难。

家长需要持续地回应孩子，让孩子感受到那份无条件的爱、接纳和尊重，这样，孩子的生命就会得到更多的滋养，并获得成长中更多的积极品质，如自信、自尊、自爱、有价值感、主动、自律，等等。

孩子看似总是在挨打的边缘试探，其实也是因为他的世界里没有那么多边界和限制，这也是孩子有更多创造力的原因，更是我们人类文明进步的原动力。

孩子逆反行为的表层原因是他遇到了困难不会解决，深层原因是渴望得到父母的尊重和接纳。更重要的是，孩子想要获得对自己的尊重与接纳，就需要学会自己解决问题。

三、父母引导的方法

（一）应警惕的问题

1. 对孩子的要求过高

很多家长对孩子的期盼很高，而有些期盼超出了孩子当下的能力水平，孩子很难达到。比如，要求 5 岁的孩子每次上课的注意力能集中 40 分钟；要求 6 岁的孩子做对全部计算题等。如果孩子一直很努力，却仍然达不到家长的要求，长此以往，他会产生挫败感和做事的畏难情绪，从而降低做事的主动性和积极性。

2. 不放过任何教育时机

有些家长喜欢抓住一切机会，去引导孩子的行为。比方说，孩子偶然一次忘带书包去学校，老师打电话让家长送到学校。回到家后，家长就针对这件事特意开一场家庭会议，引导孩子反思为什么会犯这样的错误，以及以后如何避免。家长觉得这是重视孩子的教育，孩子却觉得父母是故意给他找事，会觉得每日必须要小心翼翼地做事，不出一点差错才能讨好家长。

3. 期望孩子满足自己的需要

很多家长其实是想让孩子满足自己的需要。比如，家长希望孩子在家保持安静，不吵闹打扰自己；希望孩子在朋友或客人面前表现良好，给自己争面子；培养孩子对舞蹈的兴趣，并不是出于对孩子发展的考虑，而是满足自己曾经落空的心愿。

4. 孩子的行为是在模仿父母

家长的一言一行、一举一动、一颦一笑都会影响孩子的行为。很多父母埋怨孩子在公共场合讲话时不够礼貌温和，殊不知自己在生活中的大部分时间里从未礼貌温和地讲话的行为已然成为了孩子模仿的对象，所以千万不要低估孩子的模仿力。如果父母用打骂孩子的方式教育孩子不许打架，其实是在告诉他打骂行为是可行的；而如果父母平时处事心平气和，那么孩子也会成为一个心平气和的孩子。

不管孩子出现的问题是什么，我们要时刻保持警觉，警觉自己对此的回应是消极行为还是积极行为。重复旧的做法只会得到旧的结果，过去的方法如果无效，就要试着换成另一种新的方法。

（二）改变的方法

前面说了很多父母要尽量避免做的事情，那有没有什么可行的方法提供给大家呢？有的。有效引导孩子的三步曲为：接纳—肯定—和孩子一起面对困难。

1. 接纳

接纳孩子。"爱他如他所是，而非如我们所愿。"爱他本有的样子，接受他的优点，接受他的不足，逐步协助他发展照顾自己的能力。

接纳他的情绪，用同理心帮助孩子描述他的感受。在我们成年人的眼里，孩子的很多情绪、哭闹都像是在无理取闹，不可理喻。我们总是用成人的立场和标准看待孩子的成长，对孩子提出要求。但是对于孩子而言，这些情绪的表现都是他成长阶段中所必须要经历的过程。当家长站在孩子的角度看事情时，很多问题就会变得容易接受。接纳孩子的情绪就是"我尊重你有情绪，我看到你有这样的情绪了，并且我接受有情绪的你"。

接纳孩子的情绪以后，听听他希望你为他做什么，并和他一起努力。

同时，在孩子学习提升能力的过程中，失败总是要比成功多。所以，接纳他的失败应该是家长的一个习惯。

2. 肯定

关于"肯定"，著名的教育家陶行知先生有一个"四块糖"的小故事。有一天，陶先生在校园里发现两个男生正在打架，其中一个男生拿起石头就要砸另一个，陶先生马上断喝了一声"住手"。那个学生看见是校长，赶紧把石头扔掉了，站在那里。陶先生让他下课以后来办公室一下。下课了，陶先生回到办公室，发现那个学生已经在门口等他了。陶先生让他进了办公室，并给他了一块糖，说："奖励你一块糖。我叫你住手你就住手，你很尊重我。你是一个尊重老师的好孩子，奖励你一块糖。"（肯定孩子的行为）

然后，陶先生又拿出来一块糖，说："我再奖励你第二块糖。我叫你下课以后到我办公室来，你就来了，你来得比我还早，你是一个守信守时的孩子，我再奖励你一块糖。"（肯定孩子做到的部分）

那个学生拿着第二块糖时特别感动。不料陶先生又拿出来另一块糖，说："奖励你第三块糖。"学生看着先生，十分惊讶。

陶先生说："我调查过你打架的事情，你是因为那个同学不守游戏规则、欺负女生，你是为了伸张正义才打他的。你有这种正义感，所以再奖励你一块糖。这是奖励你的正义感。"（肯定孩子的动机）

学生再也忍不住，哭着说："校长，我不该打那个同学，我不应该用石头砸人家的脑袋。如果砸破了的话，就不得了啊，他毕竟是我的同学啊！"

陶先生拿出第四块糖，欣赏地说："这块糖也是奖励你的，因为你能自己认识到错误。我的糖发完了，我跟你的谈话也结束了，你回去吧。"

这就是有关陶先生的四块糖的故事。整个过程中，陶先生只有对孩子的肯定，没有批评孩子一句话，却完全达到了教育的目的。这个故事清晰地反映了肯定的重要性。肯定孩子做出的努力，哪怕是在日常生活中他所做出的一个微小的努力，以及肯定他这么做的合理性。

肯定的方法之所以有效，是因为每当我们肯定孩子的时候，就是在给他尊严。而一个有尊严的孩子，是不会容忍自己有明显的错误行为的。

3. 和孩子一起面对困难

和孩子一起面对困难，就是把孩子遇到的困境，转变为能力培养的契机。

一是和孩子站在一起，看到他眼中的困难；二是与孩子相互合作，一起承担克服困难的任务。

一起应对孩子的问题行为、情绪等。父母要询问孩子想得到什么，然后与孩子一起讨论解决问题的方法。要鼓励孩子有自己的想法，帮助他自己去解决问题，给孩子更多选择，而不是代替孩子做决定。要让孩子能够体验到：原来我现在在问题的陷阱里，我有一些不舒服的感觉和情绪，就是这个问题在困扰着我，我有解决这个问题的方法，而且爸爸妈妈都可以帮助我，我很有信心。

四、总结与家庭作业

（一）总结

1. 知道了孩子的问题背后的表层原因和深层原因。表层原因是孩子能力发展不足；深层原因是他们遇到了困难，希望获得父母的关注。

2. 了解让孩子感受到爱、需要做和避免做的事情分别有哪些。

3. 收获了有效引导孩子的三步曲：接纳孩子的情绪和行为—肯定孩子的情绪和

行为—和孩子一起面对困难并寻找解决问题的方法。

（二）家庭作业

1. 回想你不能接纳孩子的一件事。

_____

2. 针对这件事，你当时的做法是什么？

_____

3. 从接纳孩子的角度你将如何做？

_____

4. 针对这件事你将如何肯定孩子？

（1）肯定孩子的行为：

_____

（2）肯定孩子的动机：

_____

（3）肯定孩子做到的部分：

_____

（4）你和孩子最难一起面对的是什么？

_____

（5）过去你是怎么做的？

_____

（6）你将做出怎样的改变？

_____

（提示：不论你写什么都可以，重要的是思考。）

● 第二节
改变对孩子的呵斥

成功的家庭教育来自于父母对孩子的深入了解。接受和尊重孩子，而不是揭孩子的短。

——吕斌

上一节讲到，面对孩子要接纳、肯定，并与他一起面对问题。但我们只是了解了这些概念，这并不足以保证我们在日常生活中总能做到。因此，现在就让我们走进那些最令父母后悔却难以摆脱的时刻，一起来看清楚其中真相背后所需要接纳和改善的部分。

一、什么是呵斥

我们通过一个孩子的故事，来详细了解呵斥。

【案例】

睿睿是一个 10 岁的孩子。周六这天早上，睿睿在房间里快速地跑来跑去"试飞"他的新飞机，非常兴奋。当时他的妈妈正忙于处理工作，就要求睿睿安静下来，可睿

睿太过高兴，边跑边笑根本没听到。忽然，只听"咣"的一声，花瓶碎了一地——睿睿把花瓶撞倒了。当妈妈看到一地碎片时，内心已经燃起怒火，但是她尽量让自己镇定下来并提醒自己：花瓶放得太低，所以孩子很容易碰到。然而睿睿当时的反应却让妈妈更加生气，因为他只是停顿了一下，就继续笑着跑去玩飞机了。妈妈忍无可忍，便开始对他大吼："你赶紧给我停下来！听见没有！你看看你干的好事！"吓得他愣在原地大哭起来。因为这样的小事而呵斥孩子的场景，在睿睿一家的生活中总是多次发生。这让妈妈感到非常苦恼和后悔，明知道不应该吼孩子，可是自己总是控制不住。

现在请大家一起来想一想这几个问题：你每隔多久就会对孩子吼出比如"你现在马上给我过来，把地上乱七八糟的东西给我收拾好"的话？怎样的呵斥频率是你认为能接受的频率？怎样的呵斥频率是你的孩子所能接受的？

没有人会想要经常呵斥自己的孩子，很多家长会后悔呵斥，却苦于找不到控制的方法。想要控制呵斥，找到替代的方法，首先需要看清楚呵斥背后的真相。

（一）家长为什么忍不住呵斥孩子

1. 情绪失控是导致呵斥行为的重要原因

在亲子关系咨询的工作中很少见到不呵斥孩子的父母。让大家百思不得其解的是，很多家长在工作中都是一个情绪特别平稳的人，但是一涉及孩子的问题，就变得控制不住自己。其实在养育孩子的过程中，当孩子取得进步时，我们的内心就特别欣慰激动，但是他们一遇到问题，我们的心情就容易瞬间跌入谷底。我们为人父母的，心情像坐过山车似的起起落落，真的很难时时刻刻都有一个平稳的情绪状态。

2. 认为呵斥是让孩子听话的唯一方法，而且在问题产生的当下是最管用的方法

让家长抓狂的事情太多了，比如孩子说饿了，你拖着疲惫的身躯给他做顿加餐，他却挑着只吃一口；孩子闹着要去上的兴趣班学费那么贵，你拿出救急的积蓄报了名，他却逃课了。很多此类情况的发生，迫使父母忍不住吼孩子。之所以倾向于用呵斥的方法，是家长认为呵斥是让孩子听话的唯一方法，而且是问题产生的当下最

管用的方法。但孩子听话主要是因为他本能地会由于害怕大人的权威、害怕爸爸妈妈不再关心和认同他，而产生一种马上听从父母安排的"应激反应"。

3. 认为孩子立刻停止当前行为是最紧急的事

针对当前某种具体的行为，家长总是认为孩子必须立刻停止和改正，甚至严重到必须不计一切代价马上改正。例如：当孩子攻击别人，或者抢夺不属于自己的物品时，家长实在不知道能用什么办法让孩子的行为瞬间改正。

4. 不知道怎么正确地处理和面对孩子不听话的场景

还有一个原因是我们不知道怎么正确地处理和面对孩子不听话的场景，而且刚好小时候父母也是这样对我们吼叫的，或者我们并不知道处理这类情况的其他方法。所以在面对让我们困扰的场景，且必须要求孩子立刻改正的情况下，除了呵斥以外，我们无计可施。这里要提醒大家的是，我们不要认为孩子逆反行为的产生是因为我们自己。孩子有逆反行为，很多时候是因为他自己正处于挣扎的阶段，而不是因为家长的缘故。

（二）对自己进行观察与思考

让我们来近距离观察一下自己的以下行为：

1. 你呵斥孩子的频率有多高？

2. 你通常会因为什么事情对孩子大吼大叫？

3. 你的孩子会对你的呵斥作出怎样的反应呢？

4. 在你呵斥之前，你会产生怎样的感受和想法？

5. 在你呵斥时，你会产生怎样的感受和想法？

通过以上的思考，我们会发现，其实呵斥有一定的原因，并有一定的规律性，即我们很可能会出于同样的原因，在相同的时间或者相同的场景下，比较容易控制不住情绪而呵斥。了解了这点后，想要控制呵斥就变得切实可行了。

（三）看清误区

最容易发生呵斥的场景，往往出现于我们认为孩子的有些行为是在眼下必须要被制止之时。也就是说，在那一刻，瞬间停止行为是最重要的事，因此我们有非常

正当的理由去呵斥孩子。那么，我们先来思考这些问题：

1. 哪些行为需要立刻被制止？

2. 有多少行为能在瞬间改变？

3. 态度不改变，行为如何改变？

4. 态度是否能在瞬间改变？

虽然在一切问题上，人们都热衷于去寻找简单的答案，但是关于人类行为的问题从来都找不到简单的答案。没有瞬间形成的行为，也不会有瞬间就能改变的行为。我们最终的目的，并不只是让孩子停住此刻打人的手，更是要让他明白，攻击行为伤害的不仅是对方，也是他自己。孩子的这种行为为何会形成？又怎样才能转变？唯有站在孩子的角度去体验，我们才能明确知晓。

（四）呵斥虽常见，不代表可以忍耐

经常受到父母呵斥的孩子，会感觉自己被父母拒绝，会怀疑父母不爱自己。时间长了，他便会产生一个想法：爸妈爱我，不是因为我是他们的孩子，而是因为我今天表现得好。对于孩子来说，一旦产生这个想法，他会变得非常失落和害怕。因为他对自己很难控制的逆反行为无能为力，更对怎样才能满足父母的期望这件事充满了疑问和抵触。

很多家长在纠正孩子逆反行为的时候会使用呵斥的方法，可是呵斥真的能帮助孩子纠正逆反行为吗？

要想清楚这个问题，大家先进行一个练习：请想象当你工作了一天非常疲惫时，你的老板或同事对你大声呵斥，你会作出怎样的回应？我们可以一起来思考下面几个问题：

1. 当有人呵斥你时，你能够专心听清他说的内容吗？你能理性地分析他讲的事实、他的感受、他的需求和他想要让你做的事情吗？

2. 当有人呵斥你时，你会有什么感受？是委屈、愤怒还是羞耻？你是否会忍不住故意不去配合他？

3. 有人呵斥你之后，你是否会感到无助和迷茫，心里感到失落和沮丧？

4. 有人呵斥你之后，你是否很难再与这个人亲密相处？就算能原谅对方，但想到要修复你们之间的关系时，心里会不会总像有一根刺扎在那儿？

可能很多年以后你仍会对这件事耿耿于怀，所以当家长设身处地地思考后，便不难理解孩子被呵斥后的感受，以及知晓避免呵斥是多么重要。

二、控制呵斥

（一）为什么要控制呵斥

1. 呵斥是孩子逆反行为的催化剂

我们要清楚地意识到呵斥是孩子逆反行为的催化剂，它并不会对孩子遇到的困扰产生什么实质性的积极影响。你呵斥的行为，孩子心里并不服气，你这样的行为越频繁，孩子就越不会听你的。

2. 用呵斥来处理问题会妨碍问题的解决

当你用呵斥来处理问题时，会非常严重地妨碍问题的解决。

没有孩子会故意和家人作对，明知是错还故意犯错，除非他遇到了很大的困扰又不知道如何解决。此时再呵斥孩子只会让他害怕，从而产生恐惧心理；孩子对你也不再一如既往地信任，因为他看到了你的崩溃，觉得你已经被自己的烦恼缠身，不能控制自己不发脾气，更不相信你有帮助他解决问题的能力。因此即便是出于父母的关爱，在此情形下孩子也不会将自己的困扰告诉父母。

3. 孩子会模仿家长的行为：我也可以呵斥别人

孩子会模仿家长的行为，他会觉得别人能够对我大喊大叫，那我也可以这样对待别人。他很有可能会用以牙还牙的方式，用暴躁的语言和行为回应，甚至用粗鲁或者暴力的方式来和周围的同学、朋友相处，使得自己的人际关系恶化。

4. 呵斥只能发泄情绪，并且要注意把握好度

我们总是把呵斥这个行为看成是控制孩子的唯一方式，但呵斥其实是成人在发脾气，在表达愤怒。作为家长，你可以适当发泄你的坏情绪，因为孩子的逆反行为

会给你带来很多麻烦，让你感觉很烦躁。无论是哪个国家的父母，都会有愤怒的情绪，所以发脾气是一件很正常的事情。但是，发脾气要把握好度，不能伤害到孩子，让他误认为别人就应该这样对待他。

（二）控制呵斥的方法

我们都想知道，有发脾气的同时不伤害别人的方法吗？当然有。

比如有一位妈妈会用这样的方法巧妙化解她的愤怒。

"每当我看到我的孩子在故意试探我的底线时，比如他说：'妈妈你看，我要用手拿脏垃圾了哦。'我就会很生气，我会说：'啊，我现在已经不是妈妈了，我变成了一个大火山，而且火山马上要爆发了，我的脑袋要喷火了，你看你看，我的脑袋开始冒烟了。'在说这些的时候，我已经通过语言的表达，卸掉了我的一部分情绪。同时，在我这么说的时候，孩子会笑着逃离我，也逃离了垃圾桶。警报解除，他不会碰脏东西了，同时他会笑起来，我也会变得开心。"

在之前的内容中，我们读到了睿睿和妈妈的故事，让我们用下面的方法来帮助睿睿妈妈控制呵斥。

1. 做好充分的准备，避免呵斥

在我们和孩子进行沟通前，可以使用以下的方法。

第一，识别出愤怒的信号。

首先，我们要识别出发脾气的信号。家长在呵斥孩子之后，先不要自责，把这当作是一次经验，记录下自己生气的原因。反复记录就能总结出我们呵斥孩子的原因，之后再遇到相同场景时，我们就可以提前控制和调节情绪。

例如妈妈看到睿睿跑来跑去，心里感到很烦躁，这就是要发脾气的信号；这时妈妈要反复地告诉自己，除了呵斥还有更好的解决方法。

第二，控制自己的节奏。

我们要学会控制自己的节奏：当面对孩子的逆反行为、不配合时，我们要尝试去和他说"稍等，让我想一下"，通过调整呼吸，找到合适的沟通节奏。

第三，与自己进行谈话。

当你想要呵斥时，要对自己说："我现在想要呵斥是冲动的行为，我是一个成年人，我能够控制住这种行为。"

当你看到花瓶碎了时，可以先离开一会儿，让自己放松一下，再回来接纳孩子的情绪。

第四，先满足自己的需求。

当人们处于饥饿、疲惫的状态时很容易被激怒。当我们结束一天的工作，身心疲惫地回到家，看到孩子出现各种问题时，就会被瞬间点燃怒火。你可以尝试在晚饭之后再开始解决问题，适当的能量补充和充分的休息对于情绪控制有很好的作用。

2. 倾听与理解孩子

当我们和孩子沟通的时候，可以采取以下的方法。

第一，成为主动的倾听者。

我们要尝试去成为一个主动的倾听者。在第一节的内容中，我们就讲过接纳孩子的重要性，而倾听的第一步就是接纳孩子。

最重要的是无条件地接纳孩子的情绪与行为，不作任何的评价。

例如：

睿睿打碎了花瓶，他和妈妈瞬间都愣在了那里。

妈妈："哎呀，吓我一跳，睿睿，你怎么样？"

妈妈受到惊吓，是不容易忍回去的，所以她先直接说出了自己的感受——"吓我一跳"，这相当于给孩子做了一个示范，再询问睿睿的情况。

第二，尝试去理解孩子。

我们要尝试去理解孩子，并告知他现在有这种情绪是正常、合理的。

例如：

睿睿："嗯，我跑的时候没看到花瓶，突然就撞倒了，我没来得及躲开。"

妈妈："哦，是啊，花瓶比你矮，你跑步的时候，是不容易看到花瓶的。"

慢慢地，你也许会忘记自己对这件事情本身的看法，从而你对孩子的愤怒自然而然就消失了。

3. 即时应对方法

当我们已经开始呵斥孩子的时候，想起要控制自己，可以采取以下的做法。

第一，注意观察自己的身体感受。

从当前的想法中跳出来，把注意力放在身体上。观察和感受自己的心跳，慢慢感受自己的呼吸，放慢呼吸的速度，保持更长的呼气时间和吸气时间，一呼到底，一吸到底。这样往返循环 5 ～ 10 次。

第二，轻声且坚定的话语。

当你想要呵斥时可以运用低声细语的方式，按照下面的步骤来做：

（1）平静地走向孩子，引起他的注意。

（2）蹲下来直接看着孩子的眼睛，然后在你说话前停顿一会儿。

（3）可以轻轻地把手搭在孩子的肩膀上。

（4）保持轻声细语，简明扼要地说出你的要求，语气要坚定，说完后离开。

4. 发挥自己的想象力

如果以上的方法都不管用，我们可以试试发挥自己的想象力，去创造新的场景。

第一，"脑补"一幅画中画。

我们可以把整个画面"脑补"成电视中的画中画。想象孩子头顶上方一左一右分别出现两个小画面，左边呈现出孩子刚才的逆反行为，右边呈现出孩子平日里表现出的各种优点，然后将刚才孩子逆反行为的场景变成小画面，把他的各种优点变成大画面。这样你能够更多地感受到孩子性格中好的一面，从而减少呵斥。

第二，想象在线直播真人秀。

想象你和孩子正在参加在线直播真人秀，在你们的周围隐藏着很多摄像机，你们的所有互动都被拍了进去。你想一下，周围有这么多摄像机，有这么多人在看，你会怎么做？会不会不好意思呵斥孩子？

（三）对控制呵斥的结果有正确的期待

很多家长认为在我们运用了上面的方法，停止呵斥之后，孩子的逆反行为就会消失。其实并不是这样的。我们还需要注意的是，当我们刚刚开始使用这些控制呵斥的方法时，我们要让孩子看到我们的态度是认真的，而且我们要坚信避免呵斥从长远上来看是值得的。家长的目标是支持孩子，而不是反对他，家长越是意识到并记住这一点，孩子的逆反行为就会越来越少。

三、总结与家庭作业

（一）总结

在本节内容中，我们深入探讨了呵斥的真相。

1. 做父母很容易情绪失控。但通过换位思考，体验了孩子被呵斥的感受，证明了可以适当发泄情绪，但这并不代表可以经常呵斥。

2. 产生呵斥的原因是父母认为很多行为能够瞬间被改变，而呵斥可以在这种情况下奏效。同时父母找不到更有效的方法来替代呵斥，也不知道该如何控制呵斥。

3. 控制呵斥的方法有 4 种：提前做准备、倾听和理解孩子、即时应对方法、发挥想象力。

4. 即便我们很努力地去控制和改善了呵斥，也不可能使孩子的逆反行为立刻改变。停止呵斥是重新联结亲子依恋关系的一小步，却是意义重大的一大步。

（二）家庭作业

1. 近距离观察自己的呵斥行为，并记录以下信息。

（1）你呵斥孩子的频率有多高？

_____

（2）你通常会因为什么事情对孩子大吼大叫？

_____

（3）你的孩子会对你的呵斥作出怎样的反应呢？

_____

（4）在你呵斥之前，你会产生怎样的感受和想法？

_____

（5）在你呵斥时，你会产生怎样的感受和想法？

_____

2. 用以下方法去改善呵斥，并记录过程。

（1）识别出愤怒的信号。

_____

（2）控制自己的节奏。

_____

（3）与自己进行谈话。

_____

（4）满足自己的需求。

_____

（5）成为主动的倾听者。

_____

（6）尝试去理解孩子。

_____

（7）注意观察自己的身体感受。

_____

（8）轻声且坚定的话语。

_____

（9）"脑补"一幅画中画。

_____

（10）想象在线直播真人秀。

_____

扫描领取 配套课程

● 第三节

放弃与孩子争执

强迫不如说服，命令不如志愿，被动不如自动。

——陶行知

在上一节我们提到一个问题：父母停止呵斥，孩子不会立刻停止逆反行为，但这是联结依恋关系的第一步。想要与孩子在情感上深度联结，需要正视与孩子争执的时刻。

作为父母，我们不仅仅是要养育孩子，满足他的基本需求，更是要教育孩子，教导他为人处世。这种教导不可能靠专门给孩子开堂课来进行，而是要在生活的细微之处，以身作则，敦促影响。然而，很多事情的度如果没有掌握好，便会差之毫厘，谬以千里。多少亲子关系就在日日耗竭心力的、喋喋不休的争执中，由小争论升级成大矛盾，甚至上升成了大的"战争"。为什么会有这样的演变过程呢？

一、亲子互动中的争执行为及其原因

（一）父母是怎么和孩子争执的呢

首先，我们来看一个日常生活中的场景。

【案例】

一天早上，睿睿和妈妈因为穿衣服起了争执。

睿睿："你怎么总是说话不算数！我一定要穿我的蓝外套！昨天你答应过我可以穿的！"

睿睿为了要穿蓝外套已和妈妈抗议 40 分钟了。现在是早上 7:55，妈妈知道快要迟到了，可是睿睿的蓝外套非常脏，不能再穿了。

妈妈继续尽量不呵斥儿子，用包容的声音回答道："哦，是吗？可是，不管怎么样，你不能穿那件蓝外套了。"

这时，妈妈并没有像往常一样呵斥睿睿。

但是，睿睿仍然试探性地抬高声音："我就是要穿！要是你今天不让我穿，我就不去上学了！"

在家庭教育中，对于孩子什么时候完成家庭作业、交什么样的朋友、什么时候上床睡觉等这些问题，父母和孩子双方谁也不愿意服谁。陷入争执时，双方会产生激动的情绪，会说伤人的话，甚至会动手。

争执不像呵斥那样能直接带给孩子很大的伤害，可争执却经常发生，因为它会披着"要教育孩子"的外衣，在很多生活场景中出现。但如果不跟孩子争执，家长又会担心把孩子惯得无法无天。

（二）孩子为什么会和父母起争执

亲子互动中的很多争执是由孩子引起的。那孩子为什么不能乖乖听话，而总要跟父母争执呢？

1. 孩子对自己拥有的权利抱有不切实际的期望

责任与权利是对应的。作为父母，我们拥有所有家庭事务的决策权，是因为我们承担了所有的家庭重担；而且决策之后的结果，无论是好是坏，都由我们来承担主要责任。

孩子认为自己在一切家庭事务上面享有与父母平等的权利，却没有意识到自己还需要承担责任。

比如在本节的案例中，睿睿如果穿着脏衣服去学校，老师很可能会怀疑妈妈是不是没有照顾好睿睿，或者睿睿家里是不是出了什么事情，由此而引起的一系列复杂后果，都是要妈妈来承担的。

2. 孩子的情商不高

孩子还不能很好地认识到和控制住自己的情绪，更不容易学会识别他人的情绪。因为情商这种能力基本违反了我们人类的动物天性，却能使我们很好地适应人类的文明社交活动。

所以，情商能力的获得需要后天的习得。在成人的生活中，我们经常会发现有些人说话、做事总是让人不舒服，虽然他们从没有犯原则上的错误，但就是让人无法亲近。这很可能是在他们的成长环境中缺乏高情商家长的良好榜样，家长也没有意识到要培养孩子的情商，所以即便孩子已经长大成人，也不能与人保持良好的人际关系。

因此我们知道，小孩子总是和父母起争执是一件很正常的事情。如果你不示范给他看，他根本不知道不争不闹、好好说话就能圆满地处理事情。

在这个案例中，睿睿的坚持己见一定是有他自己的原因的，也就是说，这件蓝外套能帮助他解决一个大麻烦。这个大麻烦让他很难受，原因又特别的复杂，他并不能用简洁的语言来描述这个麻烦。

同时，那些难受的情绪让他"头大"、崩溃，导致他的语言表达让妈妈不舒服，那是因为他不会用别的方法发泄情绪。

其实，他也在试着想办法解决那个大麻烦，这个办法就是穿这件蓝外套，可是妈妈不同意，那么他就得自己承担那个大麻烦了，他可受不了，因此他必须用尽一切能想到的方法来威胁妈妈，比方说不去上学。

（三）父母为什么控制不住要起争执

争执往往是由双方引起的。那么我们也要看一下，当孩子不听话的时候，作为父母，我们是怎么想的。

睿睿威胁要不去上学的时候，妈妈自然非常烦躁和无助。因为在她心里，睿睿此时的表现特别不可理喻，尤其是在妈妈已经控制自己不再呵斥他以后，睿睿还是不为所动，继续和妈妈对着干，这让她有种深深的无力感。但是，她决不能让孩子穿着脏衣服出门。

父母控制不住要和孩子起争执的理由：

1. 孩子不听我的安排，后果、责任要我来承担，我为什么不在一开始就避免？

2. 我什么都不管他，放纵他，难道不是失职吗？

3. 我不跟他争执，把孩子惯坏了怎么办？

4. 孩子和我的压力都不小，按照我的安排走，大家都能更加顺利和轻松，为什么不呢？

5. 在很多原则问题上，孩子就必须听话，没有商量的余地。

二、需要坚守原则的情况

（一）必须要让孩子遵守的原则

有些时候，孩子必须按照你说的办，而且没有例外。

比如以下情况：

1. 危及孩子身体和情绪健康的行为、活动或问题：如独自一人在深水区游泳。

2. 危及他人身体和情绪健康的行为、活动或问题：如攻击或辱骂别人。

3. 违法的行为、活动或问题：如偷窃、抢劫。

4. 干扰孩子学习的行为、活动或问题：如不完成作业。

5. 干扰家庭生活正常秩序的行为、活动或问题：如破坏家庭物品。

遇到这些情况，我们必须坚持，那么我们怎么做到和和气气地让孩子遵守这些原则呢？

（二）和和气气地让孩子遵守原则

我们以不能攻击、辱骂别人为例。

第一，让孩子理解后果。

你必须让孩子理解到不攻击或辱骂别人所能带来的益处，以及实施这种行为对别人、对他自己带来的消极后果。

可以通过多种方法让孩子理解，比如讲故事、看电影等。

第二，要承认所有人都有想做这件事的可能。

每个人都会有伤害别人的想法和冲动，尤其是在自己受到伤害的时候，这种冲动就更加强烈，因为这源于我们遗传下来的生存本能。

第三，要多关注孩子付出的努力。

当人想去攻击别人的时候，首先是他的内心充满了愤怒与恐惧，在这种情况下，行为失控的可能性很大。孩子为了控制自己不去攻击和辱骂别人，要努力地与自己的本能作对抗。如果希望孩子养成这样的习惯，就要多去积极肯定他的这种努力。

相反，如果我们总是盯着孩子没有做到的事情，会给他处于努力之中的状态增加更多的负担。这会让他在很辛苦的状态下更加怀疑自己的能力。他从家长那里受到打击，就会觉得继续坚持控制自己变得更难，也不再相信自己通过努力就能控制住自己的行为。最后，就形成了家长最不愿看到的逆反行为。

我们坚持这些重要原则是为了让孩子形成习惯，而不是要强化孩子违背这些原则的行为。所以，我们要避免惩罚孩子。

三、放弃争执

回到睿睿的例子，看看孩子后来说起这件事时是如何解释的。

【案例】

睿睿："我当然知道那件衣服很脏，可我没有办法，我必须穿。但最让我生气的就是，我妈就像看着一个神经病似的看着我，觉得我不正常了，我特别生气。"

咨询师："你觉得妈妈看你像看神经病？"

睿睿："对啊，就她那个表情，就好像忍着多大的恨似的，不就穿件脏点的衣服么，至于吗？"

咨询师："忍着多大的恨？"

睿睿："对，她看我的眼神，我觉得她不喜欢我，一直忍耐着我。"

咨询师："哦，你觉得你妈妈不喜欢你。"

睿睿："是啊，就好像学校里的同学和有些老师那样看着我。"

咨询师："哦，学校里同学和有些老师？"

睿睿："对，反正连我妈都不喜欢我。"

咨询师："你为什么觉得你妈不喜欢你呢？"

睿睿："因为她不关心我是怎么想的，只是想要我听话。我什么都听她的，无论我的日子好不好过，反正他们也不关心。"

咨询师："你为什么觉得她不关心你呢？"

睿睿："因为她就只是说你必须这么做，不这么做就怎么样，跟她说不要，她就不停说必须怎么样，也不管我想什么。"

咨询师："那你跟她说过你的想法吗？"

睿睿："跟她说有什么用，她又不听，还像看神经病似的看着我，我看了就生气。"

分析睿睿的问题：

1. 在这个例子中，我们能看到一点：父母关心的是这件事情要怎么做，而孩子感受到的是父母跟他说话时对他的态度。

2. 所以，孩子不是不想做这件事情，而是生气你对他的态度。

3. 那么，要让孩子听话的步骤：首先是得让孩子感受到我们是关心、理解他的，并且也是爱着他的；其次才是好好地跟他讲道理；最后是一起商量看看具体怎么做。

我们总结一下，父母和孩子起争执的一些原因：

1. 父母只考虑把事情说清楚，而没考虑到自己说话时使用的语言和眼神让孩子很不舒服。比如"像看个神经病一样看着我"。

2. 孩子被当成一个有"问题"的人对待，内心充满了无名的愤怒和委屈，但是孩子太小说不出来，只能本能地跟家长对着干，发泄那股无名火。

3. 父母只是想让孩子配合做对他自己有好处的事情，没想到招来这么大的反抗，觉得孩子简直不可理喻，心中也充满了愤怒，对孩子说话就更不讲究方法了。

4. 其实，只要不令孩子觉得你认为他有"问题"，让他觉得你理解他的情况，并愿意和他一起努力尝试，做他的后盾，给他提供支持，即便结果不好也会和他一起承担，这样就能让孩子慢慢接纳你的建议。

5. 大部分父母心里其实就是这样想的，但是也要学会表达出来，让孩子感受到你对他的爱。

从心理学家对人类心理特点与行为的研究中，我们能找到很多有效的理论和方法来帮助我们解决问题。接下来我们逐一看看该怎么做。

（一）为什么要放弃争执

因为孩子有他自己要这样做的原因。我们继续看回睿睿的故事。

【案例】

睿睿："我就是要穿，要是你今天不让我穿，我就不去上学了！"

妈妈："看起来这件衣服对你特别重要呢，能告诉我，你为什么这么喜欢它呢？"

睿睿："你别管，我就是喜欢。"

妈妈："我明白了，你喜欢这种风格的衣服。那这样吧，周末咱们再去多买几件同样款式的，省得你都没得换。"

睿睿："好，我能多买几件吗？"

妈妈："我们到时候一起挑挑，只要够穿就行。那么，今天你能不穿这件脏衣服了吗？"

睿睿："不行……"

妈妈："一定有特别重要的原因吧？"

睿睿："同学们总说我胖，但是我穿了这件衣服以后，他们就开始说我很潮。"

妈妈："哦，我明白了，那你今天就穿这件吧。不过，我现在想办法来把它弄干净点，周末咱们再买几件新的。"

睿睿："好。"

在孩子每次拒绝你的背后，都有他要这样做的原因。如果是你让他生气了，那他也会故意让你生气（后面的内容里会提供更多的方法来帮助你正确表达对孩子的关怀）。但如果是他遇到困难了，我们就要了解这个困难到底是什么，怎样才能真正帮助孩子。当父母陷入必须要和孩子一争长短的心态中时，父母就没有办法看到孩子问题背后需要帮助的原因了。

（二）放弃争执的方法

1. 改变你的心态

你有你的生活，孩子有孩子的生活。虽然你承担着全部的家庭责任，但是想要孩子过好他的生活，只能靠他自己。父母能做的只有在一旁提供支持、建议，选择权还是在孩子的手中，因为后果是需要孩子自己承担的。

父母要接纳这一点：孩子不一定要全部听你的话。

睿睿妈妈听到"我必须穿这件"时，回答说："看起来这件衣服对你特别重要呢，能告诉我，你为什么这么喜欢它呢？"

这就是妈妈接纳了这一点：孩子不需要全部听她的话。

2. 保持冷静和笃定

第一，和孩子相处时，保持冷静和笃定。这样做一方面能够帮助解决你们正面临的问题，另一方面，更是言传身教。遇到问题时，你的大声呵斥、激烈的争执，与你温和冷静地去应对，会传递给孩子不一样的信息。

（1）呵斥表达的信息是："妈妈更不知道该怎么办了，完蛋了，你要穿脏衣服了，天要塌了。"

这种崩溃，让孩子在生气的同时，更是充满了恐惧。同时，他也从你身上学到崩溃。你崩溃地喊叫，和孩子争一时的长短对错，孩子也会觉得所有的事情都有严重的、无法承担的后果，就会像你一样陷入情绪的漩涡里，自己抓狂，也让身边的人抓狂。

（2）激烈的争执给孩子传达的信息是："我不知道你的难题该怎么办，我自己这还一团乱呢，你还穿脏衣服，给我制造更多麻烦。所以，我没办法去理解这件脏衣服能帮你解决的问题，你必须穿干净的衣服。"

（3）平静下来，跟孩子好好解释你希望他穿干净衣服的原因，传达的信息是："你看我现在状态也还不错，但是如果你有坚持的理由，可以跟我说说，我给你做个示范，我是这么想的……"

如果你能理解孩子，照顾孩子的感受，你就是一个高情商、高智商的好榜样，孩子也会学习你的样子，去想办法解决问题。

第二，保持冷静和笃定的方法。

在身体方面，当和孩子有不同意见的时候，要注意观察你自己的身体感受，也就是从当前的想法中跳出来，把注意力放在你的身体上，观察和感受自己的心跳，慢慢感受自己的呼吸，放慢呼吸的速度，保持更长的呼气时间和吸气时间，一呼到底，一吸到底。这样往返循环 5 ~ 10 次。

在想法方面，抓住孩子所说话题的核心点，也就是孩子所说的具体事情，他的感受、他的需要和他想让你做的事情。

同时在语言方面，把你总结的几个要点告诉他。如果你说得不对，请他来指正。

也许这时你会想：那我不要更正他的想法了吗？什么时候更正呢？这么放纵他好吗？

就像我们在上节内容中讲到的，你可以生气，你也可以表达你的不同意见，只是我们能不能冷静理智，甚至高高兴兴、顺顺利利地把事情解决了呢？

你可以说出你的想法，但是不强求孩子必须完全照办。我们可以和孩子商量，每个人都多想几种方法，大家一起选，直到选出双方都同意的方法为止。

总结：我们不能和孩子争执，因为一旦陷入一争长短的心态中，就无法帮助孩

子解决他正面临的难题。为了避免和孩子发生争执，就要改变"孩子必须听话"的心态，保持冷静和笃定。

四、总结与家庭作业

（一）总结

我们分别从父母和孩子的角度看到和理解了亲子间发生争执的原委。一方面家长需要给孩子立规矩，和和气气地遵守并执行规则；另一方面家长要改变原有的心态，保持冷静和笃定。相信自己，相信孩子，化争执为合作，以达到解决问题的目标，改善并提升亲子关系。

（二）家庭作业

在本节中，我们收获了在以下两种情况下，在避免争执的同时还能教导孩子的方法。请大家在日常生活中练习这两种方法，并且详细地记录使用过程。

1. 和和气气地让孩子遵守原则

（1）要孩子理解后果。让孩子理解后果，你的做法是什么？

_____

（2）要承认所有人都有想做这件事的可能。你认为对方为什么可能想做这件事？

_____

（3）要多关注孩子付出的努力。你看到孩子做了哪些努力？

_____

2. 放弃争执

（1）改变你的心态。你将用什么心态面对这件事？

_____

（2）保持冷静和笃定。

①注意观察你自己的身体感受，从当前的想法中跳出来，把注意力放在你的身

体上。观察和感受自己的心跳，慢慢感受自己的呼吸，放慢呼吸的速度，保持更长的呼气时间和吸气时间，一呼到底，一吸到底。这样往返循环 5 ~ 10 次。

②抓住孩子所说话题的核心点，也就是孩子所说的具体事情，他的感受、他的需要和他想让你做的事情。

③在语言方面，把你总结的几个要点告诉他。如果你说得不对，请他来指正。

扫描领取 配套课程

● 第四节

关注积极行为，促进积极转变

真实的幸福源于发现自己的优势和美德，并在生活中充分发挥它们。

——马丁·塞利格曼

在前面的内容中，我们了解到面对孩子的逆反行为，父母首先要把关注点放在自己身上，避免呵斥、与孩子发生争执，要让孩子感受到被理解和被接纳。而在这一节中，我们将了解到父母要将关注点放在孩子身上来关注孩子的积极行为，促进孩子的积极转变，帮助孩子把他遇到的困扰变为成长的契机。

【案例】

睿睿是一个贪玩的孩子，学习成绩不太好，有时会因为上课回答不出问题而被老师批评。睿睿放学回家不喜欢主动写作业，很喜欢玩玩具。这天妈妈送睿睿去上补习班，坐电梯时，进来了一位老奶奶。老奶奶好像是第一次来这里，东张西望的。睿睿问："奶奶您去几楼？"奶奶说："我去8楼。"睿睿赶紧按了电梯开门的那个按钮，说："奶奶，这个电梯是去高层的，您坐旁边那个电梯吧，那个到8层。"奶奶对睿睿说了声谢谢，就赶紧出去坐了旁边的电梯。

睿睿帮老奶奶按完电梯后回到妈妈身边，以为至少会得到一句肯定的话，但这时妈妈满脑子想着的都是昨天班主任向她反映的睿睿和同桌吵架的事情。她想赶紧趁着上课前的机会和孩子沟通一下，见到孩子就张口批评道："昨天开家长会时我听刘老师说你前几天又和同桌吵架了，你怎么总是不让我省心！"

睿睿："我没有总是这样，我和他吵架是因为他上课玩我的玩具，不认真听课。"

妈妈："你什么时候偷着把玩具带到学校去了？我说你成绩怎么下降得这么快呢！玩玩具、打架，什么不好你干什么。"

睿睿："我上课没有玩，你为什么总是不相信我，总是觉得我做得不好，我做得好的地方你怎么都看不到。"

妈妈："那你和我说说你都什么地方做得好了？"

睿睿："我是为了让他好好听课才说他的，还有我刚才帮老奶奶按电梯指路，你为什么看不到？是不是只有我不听话你才看得到？"

妈妈一时语塞，陷入了沉思。

家长总是把孩子的积极行为看作是理所当然的表现。我们觉得孩子饭前洗手、放学后认真写作业都是孩子应该有的习惯，从来没有觉得这是值得表扬的积极行为。反而当他们不做这些行为的时候，父母觉得孩子出现了逆反行为。

一、为什么要关注孩子的积极行为

睿睿的学习状态引起妈妈的不满意和焦虑。如果睿睿的学习态度再积极、勤奋主动一些，成绩应该会更好，妈妈应该也不会这么着急。睿睿的"消极学习态度"在妈妈心中越放越大，遮蔽了她的眼睛，以至于她总是倾向于关注孩子的缺点。而睿睿在总被提醒缺点的情况下，一旦遇到学习的问题，就害怕被抓住把柄、受到"指控"，这也令他更加焦虑，不能专心学习。其实他也想通过努力来证明自己，但好几次的努力都没换来父母的肯定，以至于他开始怀疑自己，遇到特别难的题目时，就会主动放弃思考。

由此，我们看到父母的消极关注对孩子成长具有不利影响。因此，父母应该学会关注孩子的积极行为。

(一)付出努力的艰辛旅途，需要的是雪中送炭，而不是雪上加霜

孩子最容易被批评的时刻，往往是他遇到困难的时刻。在第一节中提到的孩子所谓的"逆反行为"，其背后的深层原因是孩子遇到了他那个年龄阶段发展的要求，这也是他习得能力的机会。

从懵懂无知的小孩子成长为承担责任的大人，一路要学习的知识太多。这条路不容易，每一位父母都走过，都能记得自己当年的艰难状况。现在孩子也正处在那个时刻，他付出努力的时候会遇到各种困难，这个过程比较不顺利，他也容易放弃。如果父母能够提示孩子他所拥有的优势，就是在给孩子更多可以选择的资源。若是相反，不断指责孩子已经犯过的错误，把这些指责叠加到已经负重受阻的孩子身上，会很容易压垮他，让他不再前进，更不愿意再一次付出努力。

(二)给孩子做好示范，让孩子相信自己的能力

孩子在成长的过程中，所遇到的最大的难题就是了解自己的价值，并找到实现自己价值的合适途径。但我们每一个人都不能全面地认识自己，唯有通过别人对自己的态度来确定自己是不是有价值的，是不是值得被人尊重的，是不是对社会有用的。

父母作为孩子在世界上第一个信赖的人，如果总是看到或指出孩子的缺点，那么在父母这面镜子中，孩子也会找不到自己的优点，陷入对自己深深的怀疑中。

因此，什么事都依着孩子不一定会让孩子没出息。但是，如果总是说孩子各种事情都做不好，孩子一定会没出息。

那么，让我们来看一看，到底什么样的行为才能被称为积极行为。

二、积极行为的表现

从心理健康的角度来说，我们会从 5 个层面来评估人们的健康水平：自尊、人际关系、适应性、拓宽认知的能力、爱好娱乐。如果人的行为目标是为了维护这 5

个方面的内容，那么这种行为就是积极行为。

接下来，我们就来分析这 5 个方面的积极行为。

（一）维护自尊

在心理学中，自尊水平是一个人对自己的评价结果。高自尊就是我们说一个人比较尊重自己，而低自尊就是我们常说的自卑。孩子的逆反行为背后的深层原因是他想要得到父母、老师以及社会的接纳和尊重。唯有他感受到被接纳和被尊重了，孩子才能够尊重自己，获得自尊。

被尊重的需要是人类最基本的需求。因此，当孩子的自尊受到了威胁，他就会想尽各种办法来维护尊严，如努力争取好成绩、为了获得认可而劳动等。比如在上一节中，睿睿为了让自己看上去不那么胖，不被别人嘲笑，宁可反复穿一件脏兮兮的衣服。

有些家长说自己的孩子"没脸没皮"，一味地批评孩子的缺点。时间长了，不管家长怎样批评孩子，孩子都会表现出无所谓的样子，好像完全没有自尊心。从自尊的角度来说，对批评的"无所谓"态度和穿脏衣服一样，都是一种保护自尊的积极行为。

（二）维护人际关系

人是具有社会性的。人际关系对一个人的身心健康和成长发展都有至关重要的影响。所以孩子从胎儿期起就要学习怎么样和母亲、父亲相处，3 岁开始就需要学习怎么样和家庭以外的人相处。很多时候，孩子做事情的动机很可能是维护他的人际关系。比如孩子在学校和同学打架，是因为自己的朋友被欺负了；又比如父母在家中总是吵架，孩子就会故意出问题把父母的注意力吸引到自己身上，这样就能维持整个家庭的完整性，我们称之为"家庭中的替罪羊"。从这个角度来讲，孩子的逆反行为是维护同学关系和家庭关系的积极行为。

（三）适应新变化

适应指的是发生变化后，孩子调整自己的心态和行为，做出努力使自己克服困难，或者得到新环境的接纳。比如孩子有了新的体育爱好，但是参加训练会耽

误学习，为此孩子增加了学习时间，以保证训练、学习两不误。又比如，孩子升上初中后，开始偷偷摸摸地打游戏，这是因为班里大部分同学都在玩这个游戏，如果他不玩，很容易被孤立。所以，增加学习时间和打游戏，都是在适应新环境和新情况。

（四）拓宽认知

认知是指人们获得知识、应用知识的过程，或信息加工的过程。人脑接受外界输入的信息，经过头脑的加工处理将之转换成内在的心理活动，进而支配人的行为，这个过程就是信息加工的过程，也就是认知过程。简单来说，就是人们的头脑学习新事物的过程。1岁的孩子因为好奇而拿刀切东西，这就是在探索世界，属于积极行为；十几岁的孩子总想独自旅行，这是他们想要用体验的方式来拓宽自己的认知，也属于积极行为。

（五）发展爱好娱乐

孩子在发展的过程中，拥有自己独特的爱好。他在爱好中释放好奇心，缓解压力与焦虑，找到志同道合的朋友共同探索和理解世界。由于热爱而付出努力，获得进步，同时练就经受挫折的能力和锲而不舍的精神。但是，为了自己的爱好而耽误了学业，就容易被家长看作是"玩物丧志"，而从一个人的心理健康和成长过程的完整度来说，追求爱好是积极行为。

这5个方面的积极行为，可能与大部分父母所期待的孩子应该有的积极行为，如听话、懂事等很不同。孩子除了是父母的子女、老师的学生之外，更是一个人。每一个人的本能是从自尊、人际关系、适应性、认知和爱好娱乐这5点出发的，他的行为积极性的前提也是为了保障这5个方面的内容。同时，我们探讨过育儿的终极目标：不是取得非常优异的成绩、拥有八面玲珑的人际关系、练就非凡的能力等，而是让孩子养成自己独立解决问题的能力。独立的孩子，首先是有尊严的孩子，能和别人友好相处，在遇到变化时能及时调整自己去适应环境，有自己独立思考、学习的能力，最重要的是有自己热爱的、愿意投入精力去努力实现的事情。

三、如何关注积极行为，促进孩子的积极转变

关注孩子的积极行为，就算是孩子沉迷游戏，我们也仍能够看到孩子的积极方面。这并不代表我们不负责任、放纵孩子，相反，这是我们相信孩子、让他对自己行为的后果负责的表现。

看到孩子的积极行为包括以下 3 种做法：肯定、表扬、奖励。

（一）怎么肯定孩子——肯定孩子的 3 个方法

1. 肯定孩子的动机

孩子做任何事情都是为了满足他的某一个动机，比如说维护自尊、维护人际关系、适应新变化、拓宽认知和发展爱好娱乐。这些动机对孩子的成长都是至关重要的，所以孩子想要做到某件事时，动机不会错，只是方法欠妥。我们先肯定他的动机，这表示关于这件事我们可以和他一起找到更多的解决方法。如在本节案例中，妈妈知道睿睿吵架之后的第一反应就是"孩子做错事"，忽视了孩子这个行为的动机，以至孩子的逆反行为不断增多。

如果妈妈想想孩子这样做的原因，想想有什么可以肯定的部分，比如对睿睿说："睿睿，妈妈知道你是为了让同桌好好听课，帮助老师维持课堂秩序，你很有责任感和正义感，很热心。"这样孩子的动机就得到了肯定。

2. 肯定孩子的情绪

情绪是人们遇到的事情与自己的需求匹配的结果。所以孩子的情绪是他对所经历的事情的直接反应，没有对错之分。我们需要肯定孩子的情绪：他的这种情绪很正常，任何一个人遇到这样的事都会有这样的情绪。

接纳孩子的情绪，就是在给孩子做一个好榜样，教孩子学习识别自己的情绪和管理自己的情绪。

比如妈妈可以对睿睿这样说："同桌拿走了你的汽车而且在上课时玩，你很生气，是吗？我明白你的感受，但是你和他吵架，是不是就是你的不对了？你想，他是不是也想和你吵架？如果这样，你们是不是不能做朋友了？所以吵架没有解决问

题。那现在想一下，下一次怎么做可以更好呢？"

3. 肯定孩子付出的努力

第三个方法是要肯定孩子付出的努力，这是给孩子雪中送炭。比如妈妈可以对睿睿说："你知道上课玩玩具是不对的行为，并想要去制止这种行为，你在努力为班级里的所有同学维护一个良好的上课环境，也在帮助同桌提高学习效率。你所做的这一切，都是有意义的，妈妈为你骄傲。"

孩子的内心敏感而细腻，希望得到父母的奖励和表扬，需要来自父母积极的"正强化"，更需要来自父母的肯定和鼓励。肯定他的努力和动机，肯定他的情绪和行为，这对他改变逆反行为、增加积极行为而言非常重要。

（二）怎么表扬孩子——口头表扬孩子的3个方法

表扬孩子是家长都愿意做的事情，然而很多家长反馈自己在表扬孩子的时候却遭到了孩子的排斥。其实，用心的表扬需要科学的方法。对孩子的肯定会增加孩子的信心，同时，肯定孩子的时候更需要口头上的、言语上的表扬和赞美。

1. 表扬要清晰明确

表扬要清晰明确地指向一个具体的行为。比如在睿睿的案例中，妈妈可以这样说："妈妈觉得你今天在电梯里给奶奶指路很热心。"通过这样表扬，孩子就能明确理解妈妈赞成的具体行为是指路行为。

2. 表扬内容要具体

我们的表扬内容要具体。告诉你的孩子你在具体表扬他的哪些行为，这样会帮助孩子准确地知道他所做的哪件事是积极的行为。比如在睿睿的案例中，妈妈看到睿睿帮老奶奶按电梯之后，可以对孩子说："真开心你能够帮助别人，你真是一个乐于助人的好孩子。"这就是在表扬睿睿帮助别人这一件事情。

3. 表扬要及时

表扬要及时，越快越好。我们要在看到孩子的积极行为之后，及时地对其进行口头的表扬。比如在睿睿的案例中，妈妈看到睿睿的行为之后，应该马上进行表扬。妈妈可以对睿睿说："妈妈看到你刚才主动帮老奶奶按电梯，你真是一个热心的好孩子。"

这样孩子就会更加清晰地记住，父母关注到了自己的哪一种具体行为，而自己在这个过程中，具体都是怎么想的、怎么做的，下一次就能更加完整地重复这个积极行为。

（三）怎么奖励孩子——奖励孩子的 3 个原则

肯定与表扬都是在态度和语言上关注孩子的积极行为，同时加上行动以及物质上的奖励，会更进一步地鼓励孩子的积极行为。

1. 奖励要贴近孩子

给孩子奖励首先要贴近孩子，奖励与孩子相关并且是他期待的活动或物品。可以和孩子一起列出他想要的奖励清单，根据具体情况给予清单中的奖励。比如幼儿园、小学时期的孩子，给他们的奖励可以是去动物园、游乐场、吃冰激凌等；对于青少年时期的孩子来说，给他们的奖励可以是玩游戏 1 小时、周末晚点睡等。

2. 奖励要出乎意料

我们给孩子的奖励可以出乎意料。奖励的随机性越强，奖励的作用就越明显。比如当妈妈看到睿睿帮奶奶按电梯指路时，可以给他一个奖励；或者在知道睿睿和同学吵架这件事之后，虽然睿睿的做法是错的，但是他维护课堂秩序的动机是值得肯定的，这时妈妈可以给他一个小礼物，奖励他的热心和有责任感的态度。

3. 奖励要保证能够实现

对孩子承诺奖励就一定要实现诺言。对孩子的承诺，代表的不仅是某项娱乐活动或者物质奖励，还是孩子和你一起共度欢乐时光的殷切期望，更是对孩子为达成你的承诺所付出的努力的尊重。兑现承诺，兑现的是孩子对父母亲密依恋关系的期望，对自己的付出创造价值的期望，对自己能够被尊重的期望。父母答应孩子的事情能够做到，孩子才会努力完成他答应父母的事情。

四、总结与家庭作业

（一）总结

在本节内容中，首先提出了关注孩子积极行为的原因。

1. 付出努力的过程需要的是雪中送炭，而不是雪上加霜。

2. 给孩子做好示范，让孩子相信自己的能力。

然后从自尊、人际关系、适应性、认知和爱好娱乐这 5 个方面探讨了人的积极行为。给父母们以提示：只要是满足这 5 个方面动机的行为都是积极行为。

最后给出了 3 种表达对孩子积极行为关注的方法。

1. 肯定。肯定孩子的动机、情绪和付出的努力。

2. 表扬。表扬内容要具体、明确和及时。

3. 奖励。奖励要贴近孩子、出乎意料和保证能实现。

通过本节的内容，大家都意识到了关注孩子积极行为的重要性，希望各位家长在今后和孩子的相处中尝试关注孩子的积极行为，促进孩子的积极转变。

（二）家庭作业

请家长实践 3 种关注孩子积极行为的方法，并且记录实践的过程和孩子的反应，以及亲子关系的变化。

1. 肯定：肯定孩子的动机、情绪和付出的努力。

---

2. 表扬：表扬内容要具体、明确和及时。

---

3. 奖励：奖励要贴近孩子、出乎意料和保证能实现。

● 第五节
如何让家里的规则有效实施

其身正，不令而行；其身不正，虽令不从。

——孔子

前面四节的内容总结起来是在教会父母们逐渐把尊严还给孩子，具体做法有：爱、理解、接纳、相信孩子、和孩子一起承担责任。

其实，一开始父母们对孩子提出要求本身没有错。养育孩子就是要让孩子学会自己写作业、获得好成绩、与人和谐相处、不浪费时间玩游戏，等等。前面四节学习的目的是帮助父母们用更为有效的方法达到目标，而要达到目标，我们还需要学习如何在尊重孩子的基础上，制定合理可行的家庭规则。

一、为什么家庭需要规则

人类从一出生就需要规律——进食、洗漱、睡眠，稳定的规律性不仅能保证我们的身体健康，更能保护我们的心理健康。

有个实验是这样的：

科学家把猫关在笼里，让猫在笼子里进食、玩耍。

A 组实验：设置笼子的特定部位带电，当猫碰到特定部位就会被电击。观察猫的反应，一段时间后，猫记住了带电的部位，在进食和玩耍时都可以保护自己不再受到电击。

B 组实验：笼子带电的部位不固定。也就是当猫碰到同一部位时，有时会被电击，有时不会被电击。观察猫的反应，一段时间后，猫变得躁动、恐慌、不安，无法判定自己的哪些行为会受到电击，哪些行为不会受到电击。

实验结论：

A 组实验：带电的部位固定，其实就是有明确的规则。猫可以预测带电的部位，从而避开电击保护自己。

B 组实验：带电的部位不固定，即没有明确的规则。猫不能够预测带电的部位，受到更多电击。

在实验中，A 组的猫知道哪里有电，掌握了避免电击的方法，就能够安心正常地继续它的活动。而 B 组的猫不知道哪里有电，没有找到避免电击的方法，在未知的恐惧里活动，惶惶不可终日。

在这一实验中，规则对于猫是很重要的，那么人也需要规则吗？

很多家长在孩子小的时候都曾经畅想过，要给他提供一个绝对自由的成长空间，这肯定是对孩子最好的。然而，站在陪伴了非常多孩子学习成长的教育者和咨询师的角度才发现，在人类的天性中，秩序感是很重要的一个部分。例如，一个 3 岁的孩子会执着于为自己的玩具分类；一个 4 岁多的孩子会执着地把家里随便放的物品放回原位。这种物品的规律性带给孩子一个信号：一切都在他的掌控之中，一切都没有变，他是安全的。一个成年人，规律的习惯保证他虽然每天只付出一点努力，但总是朝着一个方向常年积累点滴辛苦，使他最终成为这个方向的专家，获得属于自己的人生价值。

从表面上看，规则带给人类的是束缚，而实际上，规则是人类获得高效、保护、和谐和自由的基础。而为孩子树立良好规则则是在培养他的规则意识和自我管理的能力。

二、在制定规则前要做的事

【案例】

睿睿进入初中以后，老师要求必须增加课外阅读量，因此学习压力增大。但是睿睿从来不读书，读后感都是从网上抄来应付老师的。为此父母制定了详细计划，意在培养睿睿的阅读习惯。

首先是将玩手机的时间改为看书的时间。睿睿虽然非常排斥，但是只能硬着头皮看那些自己根本看不懂、也不感兴趣的书，只因为这是父母、老师认为重要的。而他看书的过程实际上就是发呆。看不懂书，却要交作业，为了完成任务，睿睿偷偷地把手机放在书后面，从网上抄读后感来应付，剩下的时间就玩游戏。老师发现以后告知家长并批评了睿睿。父母回家后严厉地教育了睿睿，他被骂哭、打手、没收手机，父母还决定每天进行陪读。但是在执行过程中，睿睿依然拿着书发呆，父母坐在旁边看手机，如果看到他很久没翻页就大喝一声，吓得他把书掉到地上。这样持续了两个月，睿睿变得不主动和父母交谈，甚至出现不交作业、撒谎、不愿回家的情况。他主动提出要去奶奶家住，除非父母把手机还给他并且不逼他看书，否则就不回家。

这时候，妈妈开始动摇了，觉得没必要为了看书闹得家庭不和，提出减少读书量至每周两次，完成任务就奖励。爸爸却不同意，认为好习惯应该坚持。为此父母经常吵架，并导致睿睿最终离家出走。

到了这一步，父母当然很气愤和无奈，本来是想培养孩子的一个好习惯，锦上添花，没想到孩子为此竟然开始叛逆撒谎，还弄得家里鸡飞狗跳。

培养孩子的阅读能力确实是一件有意义的事情，只是规则的执行并不是一件容易的事。让我们来梳理一下这个案例：

1. 规则的制定没有获得孩子的同意，孩子是在被动状态下遵守规则。

2. 孩子根本看不懂书，说明没有依据孩子的能力制定规则，缺乏可行性。

3. 孩子从网上抄读后感来应付任务，其实是一种积极行为。因为父母的方法无效，孩子自己在努力达成目标，而在他的能力范围内只能想到这个方法。

4. 老师发现以后告知家长并批评了孩子，说明老师证明孩子的努力是无效的，他的努力白费，自尊受挫；但是父母的惩罚比老师的更加严厉，这就是雪上加霜。

5. 父母每天盯着陪读，还时不时大喝，像盯着犯人一样，让孩子的尊严扫地。

6. 父母陪读时看手机，就是双重标准，令孩子更加不尊重父母。

7. 妈妈动摇，爸爸坚持，父母意见不统一，孩子就更加坚定地认为这个规则没有积极意义，单纯只为了给自己找事，于是心中更加怨恨父母。

8. 父母为了孩子而频繁吵架，这让孩子觉得自己是家庭战争的罪魁祸首，羞愧难当，只能逃离家庭。可扪心自问，他真的付出了努力，然而却没有达到父母的要求，所以如果这不是他的错，那就是这个规则的错。

9. "不再读书，拿回手机，就当事情从未发生，父母与孩子之间的战争才能停止"，这看起来是在威胁父母，但其实是孩子能想到的解决问题的唯一方法。

那么，如何才能让规则更简单有效地得到实施？

在制定规则前，我们要想清楚 3 个问题：规则的作用是什么？规则的有效性如何？规则的可执行性如何？

（一）明确规则的作用

规则的作用有以下 4 种：

1. 维持正常生活和学习的秩序，如规定起床、写作业的时间。

2. 保障安全健康，如小孩游泳要有大人陪伴。

3. 促进关系和谐，如发生争执时用文明的语言去解决。

4. 学习新的能力，如养成规律阅读的好习惯。

在树立规则前，父母首先要想清楚这个规则的作用是什么，以及想要获得什么结果。然后用简短明确的语言表达出来，使孩子听了后立刻就明白他要做什么，同时避免发泄个人的情绪，避免让孩子感到父母在指责他。

比如在这个案例中，父母的目的就是培养孩子的阅读能力。

（二）规则的有效性

规则的有效性指树立的这个规则能够有效服务于教育目的。父母需要清楚目标是什么，以及如何实现目标。比如培养孩子的阅读能力，需要弄明白阅读能力到底是什么，为什么阅读能力这么重要，如何能让孩子也认识到培养阅读能力的重要性，如何能让孩子喜欢上阅读，并建立一个良好的阅读习惯等。这些都是父母要思考的问题。

（三）规则的可执行性

即便我们非常清楚规则的目的，并且可以保障规则的有效性，但是规则最终是由人来执行的，所以要考虑人的因素。

1. 执行者（父母、孩子）的能力范围

说到规则的执行者，不得不着重强调父母以身作则的重要性。

第一，考虑父母的实际情况。

培养孩子的阅读能力时，父母跟着一起读书、分享读后感，这是最理想的状态。然而，如果计划每天进行一次读书会分享，父母却因总是加班而没能按计划参与，孩子就会觉得连父母都坚持不下来，自己就更没有坚持的决心。

第二，考虑孩子的年龄特点和能力特点。

孩子在不同的年龄阶段，能力差异性很大。拿专注力来说，不同年龄的孩子差别很大：

年龄阶段	专注力时长	年龄阶段	专注力时长
新生儿	5 ~ 10 秒	4 岁	9 ~ 10 分钟
3 个月	1 ~ 2 分钟	5 ~ 6 岁	10 ~ 15 分钟
6 个月	2 ~ 3 分钟	7 ~ 10 岁	15 ~ 20 分钟
1 岁半	4 ~ 5 分钟	10 ~ 12 岁	25 ~ 30 分钟
2 岁	6 ~ 7 分钟	12 岁以上	超过 30 分钟
3 岁	8 ~ 9 分钟		

不同年龄阶段的专注力时长

仔细阅读上图就会发现，哪怕年龄只相差几个月的孩子，专注力维持的时间都有差异。如果要求 12 岁孩子一次阅读的时间为 1 个小时，这是不合理的；但如果将阅读进程拆解成"阅读 30 分钟—休息 10 分钟—再阅读 30 分钟"，孩子就能持续保持专注。

2. 考虑任务难度和频率等因素，评估是否能达到目标

刚才从执行者的主观角度探讨了执行性问题，现在来谈谈规则的难度和频率的合理性。比如要求 12 岁的睿睿读文言文版的四大名著，或者要求一个月读完 3 本书，这样的安排对孩子来说就很难实现。

所以，规则的制定要综合考虑作用、有效性与可执行性，而且需要和执行的人一起商量、判断是否符合实际情况和能力范围；同时，也要有不断试错的机会，可以先尝试一段时间，再不断调整，直到所有人都适应这个规则，并把它转换成一个长久的习惯。

三、规则执行过程中要做的事

从睿睿的故事中，我们可以看到孩子在规则执行过程中是被动的。父母的不理解和严厉，让他的自尊受到很大的打击，父母的吵架更让他羞愧自责。而父母在这个过程中，不仅没有看到孩子的努力，还雪上加霜。同时，夫妻之间对于规则也不能保持一致，双重标准对孩子的确是很大的困扰。所以，这个规则很难有效实施。

执行规则，我们要注意以下几点。

（一）规则和爱一个都不能少

我们要培养孩子，规则是手段，而理解和爱是前提。首先，父母的身份定位很重要，要做孩子的支持者，而不是反对者。其次，把规则当作教育和支持孩子的方法，而不是树立权威的砝码。用温和而坚定的态度执行家庭的规则，赢得孩子的尊重，才是让孩子学会尊重规则的有效方式。

（二）善用自然后果法，避免惩罚

惩罚，让孩子感受到的是羞愧和屈辱，同时，他受到惩罚后，会认为已经付出了代价，就不会想着为自己的行为负责任了。

自然后果法是法国教育家卢梭提出的教育方式，主张让儿童自己承受其过失的不良后果，通过体验来负起责任，认识错误，吸取教训。

比如午餐时间，孩子吃零食而不吃午饭，以致下午没过多久他就饿了，可距离晚饭还有一段时间，这段时间里他就要等待并忍着饥饿。这些都是孩子要承担的"自然后果"。父母不要过早干涉，让孩子吸取教训，就可以养成良好的午餐习惯。

善于使用自然后果法的好处：

1. 帮助孩子做出纠正：孩子体验到自己行为的后果，吸取了经验教训，再有同类事情发生就能够学会正确处理。

2. 让孩子自己体验自己选择的"自然后果"，避免家长和孩子的正面冲突。

3. 培养孩子的责任感：让孩子为自己的行为负责。

让孩子守规则不是目的，目的是培养规则意识，培养自我管理的能力。

（三）言行一致，温和而坚定地说"不"

温和而坚定地说"不"包括两部分：控制情绪和给孩子提供选择。

1. 控制与接纳情绪

第一，父母控制自己的情绪。情绪激动时，可以使用腹式呼吸法快速处理情绪。

具体做法：首先，深呼吸放松，双肩自然垂落，想象自己越来越放松的状态。然后，吸气的时候，用嘴巴和鼻子慢慢吸气，腹部微微鼓起来。当腹部鼓起到最大极限时，屏住呼吸坚持7秒钟，再用鼻子慢慢吐气。通常在3个腹式呼吸之后，情绪会慢慢平静下来。

第二，接纳孩子的情绪。看到孩子的情绪，并用语言表达出来。例如说"我看到你现在有点不高兴""你现在有点伤心，是吗"……

2. 给孩子提供选择

比如孩子说今天不想读书，但是我们制定了规则，就必须言行一致地遵守规则。

这时可以给孩子提供一些变通的选择，比如父母可以让他选择听书，用另外一种方式获得知识，既满足了孩子身体放松的需要，又让孩子遵守了规则。所以，坚定的立场和态度既能让父母坚守自己的界限，也能让孩子学会遵守界限。

（四）以身作则

很多情况下，父母承担着很重的家庭与工作压力，要完全做到以身作则是很难的，然而我们还是要强调：有效的学习是基于模仿的。著名行为主义心理学家班杜拉的研究结果证明，孩子学习的过程就是在不断模仿，学习是潜移默化地发生的。大脑中存在镜像神经元，它促使我们不自觉地去模仿别人，使我们能够通过学习别人的经验来提高自己的能力。比如很多人根本不懂五线谱，但是通过听别人唱歌，就能准确地唱出一模一样的歌曲，这就是镜像神经元在起作用。

所以，父母给孩子讲读书的好处，不如自己开始读书，用书中学到的智慧使自己收获成长，同时影响孩子。这样就能避免双重标准，孩子看到这是父母能轻松做到的事情，对读书的畏难情绪便能减少。

（五）夫妻之间理念一致

在执行规则的过程中，如果夫妻之间不一致，孩子首先会质疑制定这个规则的目的。孩子觉得既然父母意见不一致，那么这个规则就不能达到目标，但是还要让他来执行，那就是故意欺负他。而且，夫妻间因为理念不合而引发的争执，会让孩子觉得自己是家庭争吵的罪魁祸首，他从此会对规则带有极大的抵触情绪。

四、总结与家庭作业

（一）总结

经过以上分析，应该如何帮助睿睿培养阅读习惯呢？

1. 在规则制定前，我们要清楚其目的是培养阅读习惯。有效的方法是一家三口各自找一本喜欢的书，每天有 1 小时的集体阅读时间。睿睿可以阅读 30 分钟，休息 10 分钟，再继续阅读 30 分钟，每周分享一次读后感，坚持下来有奖励，没有坚持下来的话，就分享不读书的缺憾。为了验证可执行性，可先试行一个月，不断改进规则，直到规则转化为大家都能坚持下来的习惯。

2. 在执行规则时，相互理解彼此的需求，给彼此更多的选择。可通过改变规则的具体细节，保证所有人都能找到适合自己的方法。

3. 父母时间再紧张也要利用片段时间阅读，可以分享困难，让睿睿一起想办法解决，锻炼他解决问题的能力。如果出现夫妻之间不一致的情况，两人先商量好，保持一致了，再和孩子分享。

（二）家庭作业

使用本节学习的方法来制定一项有意义的家庭规则。

1. 具体规则是什么？

_____

2. 规则的目的是什么？

_____

3. 执行中遇到的问题有哪些？

_____

4. 解决办法有哪些？

_____

5.（如果需要）新的规则是什么？

_____

● 第六节

30 年的调查研究，能给父母什么样的启示

教育技巧的全部奥秘也就在于如何爱护儿童。

——苏霍姆林斯基

前面的内容聚焦在具体的养育细节上，从这些放大的细节中探讨让父母头疼的育儿难题的解决方法。本节的内容会从细节回到整体的家庭养育氛围，从已长大成人的孩子以及心理学家的角度揭秘：养育了优秀孩子的家庭，父母是什么样的。

一、30 年的调查研究中，最优秀的孩子们是什么样的

1963 年，心理学家西尔维娅·布洛迪和西德尼·阿克塞尔拉德开展了一项历时 30 年的性格演化研究实验。这个实验具体过程是：在获得 76 个家庭同意的情况下，心理学家们从这 76 个孩子一出生开始，就深入这些家庭的日常生活中，细致入微地观察父母们如何照顾、抚养这些孩子。研究从孩子们出生持续到他们 30 岁时，运用观察和访谈的方式，通过大量的第一手资料，生动地揭示了父母的养育方式对孩子童年期的心理发育，以及成年后的社会生活所起到的重要作用。

在这 76 位受访者中，有 7 个孩子特别优秀。30 岁的他们最大的共同特点是生

活幸福而充实。这种幸福不是指他们功成名就，或者腰缠万贯，而是指：

1. 他们都很有魅力，人们一见到他们，就被他们吸引。

2. 和他们在一起让人感觉很舒服、很愉快。

3. 他们能很好地控制自己的情绪。

4. 他们都从事自己喜欢的工作，也能实现自己的价值。

5. 他们关心朋友也关爱他人，最终和彼此相爱的人建立了幸福的家庭。

二、养育了优秀孩子的父母，有什么共同特点

心理学家对这 7 个特别突出的孩子进行了研究分析，看看他们的父母有着怎样的共同点。

(一) 父母自己是怎样的

1. 自信

这 7 对父母的共同之处，首先就是自信。他们的自信并不是来自非常优渥的家庭条件，而是来自对生活节奏的掌握，是那种无论在生活中遇到怎样的困难都相信自己有能力解决的自信。

在这些优秀的孩子中，有一个男孩小的时候罹患了很严重的疾病，经历了很多年的治疗才得以痊愈。在那段艰苦难熬的治疗过程中，他的父母虽然一开始时陷入了绝望和自责之中，但是他们很快就将情绪状态调整过来，和孩子一起去面对疾病，积极配合治疗。

所以，这里的自信，不仅指的是父母对他们自身的自信，更是他们愿意承担责任，无论生活中遇到什么坎坷也能够积极面对的自信。

2. 母亲快乐而具有感染力

抚养孩子是一件很辛苦的事情，同时父母们也承担着生活和职业的压力。然而，当这些孩子提到小时候关于妈妈的记忆时，大部分人都说妈妈总是非常愉快地忙碌着。他们常听到自己的妈妈快乐地哼着歌曲，特别高兴地大笑。有时候妈

妈看到孩子做的恶作剧，也能一起笑、一起闹，甚至会小小捉弄一下孩子，让大家一起开心。在有些家庭中，妈妈会和孩子在固定时间一起玩孩子喜欢的游戏，边玩边笑。即便孩子们已经长大到30岁，每每想起这些美好的回忆，仍然非常珍视，觉得非常难忘。

其中有一个女孩，在20多岁的时候经历了被爱人抛弃的痛苦，当时她选择用割腕自杀的方式来挽留对方；但是她看着自己胳膊上的伤口，突然就想到了妈妈欢乐大笑的样子，然后想到如果妈妈知道了这事，将不再拥有快乐。就这样，她下定决心不再伤害自己。

（二）父母是怎么处理事情的

1. 乐观

我们从小到大一路走来，都体会到生活并不是一帆风顺的。

以那个生病的小男孩为例。刚拿到诊断结果时，医生断言这种病会伴随孩子一生，基本无法彻底痊愈。孩子的父母痛苦了好一阵，但是他们仍然坚强地面对。在积极配合治疗的同时，他们对孩子的身体以及未来的医疗条件抱持非常乐观的态度。在为孩子治病的这些年，他们一直在关注着最前沿的治疗方案。最终，孩子只用了几年的时间就彻底痊愈，而且疾病对孩子以后的学习生活没有造成任何影响。

如果父母不是积极乐观，他们很有可能放弃还有转机的信念，那么孩子和这个家庭的未来，也不可能像现在这样幸福圆满。

2. 镇定

做了父母，就更了解养育孩子是处处面临挑战的，尤其是小孩子对世界充满好奇，但对自己行为的掌控能力又还很有限，容易发生一些意外，这时就需要父母镇定地加以处理。

其中有一个男孩，他在一次游戏过程中不小心把一个女孩挤下滑梯，当时女孩看起来伤得很重。男孩父母首先做的就是救治女孩和保护自己的孩子。在接下来给小女孩治疗的过程中，他们全身心地照顾女孩和她家人的感受，积极寻找更舒适高效的治疗方法，使女孩和家人能减少痛苦。后来，小女孩很快痊愈了，并且这两家人还成了很好的朋友。

最为难得的是在这个过程中，男孩父母表现得很镇定，从没有情绪失控去责怪男孩，因为他们看到自己的孩子并不是故意去伤害别人的，同时他们也没有因为意外的发生而陷入自怨自艾之中。他们从一开始就镇定自若地去解决问题，处理事情。

小男孩长大以后，他的工作和生活都非常美满。每当想到这一段经历，他都非常感谢父母当时镇定的态度以及对自己的信任。

（三）父母是怎么对待孩子的

1. 关注孩子

在这项调查实验中，心理学家们观察到这 7 个家庭的父母们都非常关注孩子。在孩子们很小的时候，这些父母会及时回应孩子们的呼唤。在孩子们进入青春期后，当他们用各种含蓄的方式表达自己的情绪或者需求时，这些父母都能给予积极关注和回应。

孩子小时候会主动扒着父母的衣服要抱抱，也会故意不听话搞破坏，这些其实都是他想要父母关注自己，和他一起说话、做游戏的表现。进入青春期后，孩子对父母的依赖不像以往般明显，但是他仍旧希望获得父母的关注。可是这时候，他获取关注的方式就显得隐秘：有的孩子通过努力取得各种好成绩，让父母为他感到骄傲；也有的孩子故意跟父母唱反调，甚至发脾气，告诉父母他有自己的想法，要求父母尊重他。

孩子有这些表现意味着他步入了成长之中一个非常重要的环节，这标志着他开始关注自己、评价自己。此时如果他能得到父母的关注，他就能确认自己是值得被人爱的，自己是好的、有价值的。相反，如果得不到父母的关注，做什么都没人理他，他会认定自己是不值得被爱的。这么想心里太难受，他接受不了，就会用更加强烈的吸引父母的方式来获取关注。

有时候，我们不能理解孩子为什么非要做一些荒唐的事情。其实孩子不是在以此跟父母对抗，而是在跟自己内心的恐惧对抗。他害怕承认自己是一个麻烦，不值得父母为他付出。

2. 温柔、温暖

温柔和温暖指的是父母和孩子在一起时，给孩子的一种感觉。比如和孩子在一起时，说话的用词比较温和、语调平稳柔和，与孩子亲近拥抱、搭肩牵手等。这些看起来很细微的事情，却能有效地传递情感。这 7 个孩子回顾自己的童年经历时，回忆起来的是这样一些小细节：爸爸跟我说话时看着我的眼神让我觉得暖暖的；我忘不了妈妈轻柔的话语、上扬的嘴角；我记得爸爸温暖的手搭在我肩膀上，抱我时身体的温度和身上的气味。这些温暖的记忆大多是与父母的行为有关，而父母说过的话，他们很少能清楚记得。就像一个孩子说的："长这么大，我爸从没说过他爱我，但是我能感觉到，我对他特别重要。"

3. 理解、体贴

在这些孩子中，有一个小男孩，在他 10 岁的时候要参加竞赛，压力非常大。有一天他上学以后，妈妈发现他的床单不见了，找到后发现原来是他尿床了。按理说 10 岁的年纪还尿床，确实不太寻常，但是妈妈知道这次比赛对孩子的重要性，理解孩子当时顶着多么大的压力。所以她什么都没说，只是默默地去超市买了很多成人纸尿裤，然后一片片拼接起来合成一张大床垫，铺在了孩子床单下面。为了不让孩子发现，等孩子起床后，她再把尿湿的纸尿裤床垫换成新的，同时快速把原来的床单洗干净并烘干，在孩子放学回来前重新铺好床，不让他发现换过了床单。

就这样过了几天，这个男孩就不再尿床了，同时也在那次非常艰难的竞赛中获得了冠军。

男孩长大后主动谈起这件事，他其实一开始就知道妈妈为他做的事情。本来尿床让他非常羞愧难当，那天上学时一整天都在想这件事。但是晚上回来后，妈妈并没有与他说这件事，也没有告诉别人。晚上睡觉的时候，他虽然又尿床了，但是并没有被凉凉的床单惊醒，放学回来后见到仍然干干净净的床单，没有任何变化地铺在床上，也没有别人发现他的秘密。这个秘密他和妈妈一起守了 20 年，彼此都没有提起过。

他非常感激母亲守护着他小小的却非常珍贵的尊严。

4. 鼓励孩子的积极性、创造性和独立性

孩子还小的时候，父母鼓励他创新、独立，主要是通过让孩子多做些家务的方式进行。孩子长大一些以后，父母鼓励他进行创新活动时，要承担的责任和作出的牺牲就会更多。孩子自己学着做事肯定会犯错，如果父母大包大揽，表面上看可以避免很多麻烦，父母承担的责任和风险也更小。但等到孩子上学需要自己独当一面的时候，他要面对的不仅仅是学习任务，更是来自同伴竞争的压力和学校评价的标准。这时候，如果孩子不能自己完成每日的作业，或者遇到各种事情都不会自己解决，就说明在他还小的时候没有得到足够的试错机会，让他学着自己去解决问题。

鼓励孩子独立自主，积极创新，是让孩子成长最快、最有效，甚至是一劳永逸的方法。具体做法是：

第一，温柔对待孩子，给他温暖，让孩子感受到爱。孩子心里踏实就能更专注于自己做的事情。

第二，关注孩子。在看似孩子故意捣乱的情况下，关注到孩子的积极方面。

第三，理解孩子。在孩子失败、自尊心受挫的时候，尊重他的隐私，保护他的尊严。

第四，让孩子能依赖父母。和孩子一起承担责任，他才能有勇气去放心尝试，自己解决问题。

本书的核心是要让孩子把每一个遇到的困难变成他不断试错的机会，在每一次试错受挫的过程中得到父母的关爱和支持。父母帮助孩子一起想办法，小心地保护他的尊严，让孩子体会到家庭的温暖，并逐渐练就一身本领。

5. 做孩子可依赖的后盾

这 7 个孩子有一个共同的特点，就是主动尝试解决问题。与此同时，他们也更频繁地遇到挫折，而大部分挫折往往是由孩子们自己造成的。对此，每家父母的反应各有不同，但在这种时候都会选择去帮助孩子一起解决问题。

在孩子成长的过程中，一切都很新鲜，一切都要从零学起。他什么都不会，这

意味着他将会面临许多挫折，心里会产生一次次的自我怀疑，会认为"我不行""我做不好"。这个时候，他有两个需求：

第一，把事情完成。比如把袜子穿好，不然脚丫会不舒服。

第二，确认是否有能力完成事情。比如，我看爸爸妈妈很快就穿好袜子了，而我半天都穿不对，我是不是比较笨？或是，我的数学成绩特别差，但是朋友的数学学得特别好，我们俩总是一起出去玩，为什么他那么轻松就学好了，我费这么大劲儿也不行，我是不是比他笨？

面对这两个需求，就需要父母帮助孩子：

第一，把事情顺利完成。

第二，向他揭示学做一件事情的基本步骤和方法。

第三，做的过程中难免会犯错，让他了解犯错是常态。

第四，让他明白真正做到学会，不是一次两次就可以达成的，而是一个不断练习的过程。

第五，接纳孩子的失败和他因做不好而产生的愤怒情绪，也让孩子学会接纳自己会失败的事实。

如果每次孩子在学习新事物的过程中，父母都能这样做孩子可依赖的后盾，那么孩子就会安心，也会专心地尝试新挑战，而不会害怕挑战新的困难。因为他知道有父母在身后支持他。

6. 站在孩子的角度，制定规则

在第五节中，我们详细讲述了父母如何制定规则才能有效实施。那么这7个家庭的父母又是如何制定规则的？有什么相同之处？

相同之处是他们不认为孩子的错误行为是自己作为父母的失败，或者是孩子对自己的不尊敬，而是制定严格又能给予孩子理解的纪律来约束孩子，纠正孩子的行为。

那他们是怎样做的？

第一，当孩子出现不守规则的行为时，父母都会先克制自己的脾气，给孩子做出正确的示范。

第二，在规劝孩子的过程中，强调规则的重要性，随后倾听孩子的想法。

第三，规劝无效时，为孩子的合作提供奖励，提醒孩子不听从警告将会失去约定的某种权限。

第四，如若孩子仍不以为意，父母会更进一步吸引他的注意。例如有力地提高说话声音，让孩子在所传达出的不舒服的语言中知道后果。

第五，约束无效时，父母会把孩子隔离在不让人害怕的偏僻角落或房间。

第六，以上方法都不起作用时，所有孩子都挨过打，这是令人遗憾的最后一招。

三、父母做得不完美的部分

虽然这7个家庭的父母都养育了非常优秀的孩子，但是不代表他们的育儿过程完美无缺。他们也会带给孩子一些消极的影响，比如由于孩子生病，父母把对孩子病情的恐惧和小心谨慎的情绪传递给了孩子，使得他长大以后即便身体早已康复，还是会习惯性地感觉自己的身体不太健康；一位母亲不了解小婴儿的心理需求，在孩子不到1岁的时候，因为工作原因离开了6个星期，在这整整一个半月的时间里孩子没有见到母亲，使得孩子在成长的过程中非常缺乏安全感；还有一个女孩子由于小时候父母对自己的控制，长大后每当遇到与父母意见不一致的情况时，都要经历强烈的思想斗争后，才能跟随自己的内心做出选择，并独自为结果负责。

大家可以看到，即便培养出了如此优秀的孩子，这些父母们也避免不了出现各种教养失误的情况。但是，这些失误并不会阻碍孩子们幸福健康地长大，追寻自己热爱的生活方式。

所以，我们作为父母，在育儿道路上也不必为偶尔的一次失误过于苛刻要求自己。严厉苛责自己的气氛反而会让孩子更加紧张和内疚。孩子会认为就连父母自己都达不到令人满意的结果，自己将更难达到。

四、总结与家庭作业

（一）总结

在本节的内容中，我们看到了在养育出优秀孩子的 7 个家庭中，父母们在面对自己、面对问题和面对孩子时的一些特点和方法。总结起来就是：自己快乐而自信，遇事乐观而镇定，对孩子体贴温柔，能和孩子一起探索和解决困难。

说起来很简单，却需要父母做更多克制、令孩子舒服的表达。

在下一章，我们会教给你让孩子愿意信赖你的方法，让你快速转变成一个"高情商"的困难解决者。通过言传身教让孩子看到"高情商"的榜样，也让孩子通过模仿学习，和自己的情绪及困难共处。

（二）家庭作业

与文中总结的这 7 个家庭中父母的特点进行对照，总结自己在育儿过程中的特点。

1. 你自己是怎样的？

（1）自信

_____

（2）快乐父母的感染力

_____

2. 你是怎么处理事情的？

（1）乐观

_____

（2）镇定

_____

3. 你是怎么对待孩子的？

（1）关注孩子

_____

（2）温柔、温暖

_____

（3）理解、体贴

_____

（4）鼓励孩子的积极性、创造性和独立性

_____

（5）做孩子可依赖的后盾

_____

（6）站在孩子的角度，制定规则

_____

本章总结与作业

在本章的阅读过程中，你可能会体会到案例中家长从束手无策到重燃希望的心路历程。面对有逆反心理的孩子，一味的呵斥和争执只会让家长的情绪越来越糟，也会把孩子越推越远。要想改变这种恶性循环，就需要家长去了解优秀的"道"与"术"。所谓"道"，就是家长秉持的养育理念；而所谓"术"，就是在养育过程中所使用的方法。

本章内容不仅向家长介绍了科学的养育理念，还教授了许多非常实用的方法，如理解接纳、改变理念、管理情绪、放宽心态、转变视角、做好自己。你可以根据以下的一些问题和家庭作业，来了解自己在养育过程中的"道"与"术"。

养育之"道"

请你回答以下问题，以便清晰了解自己的养育理念。

1. 你更希望自己的孩子怎么做？

A. 孩子对家长表现出绝对的服从，你让他做什么，他就做什么。

B. 孩子不一定完全服从你，但是他愿意向你表达他自己想要什么。

2. 当孩子出现逆反行为时，你觉得可能的原因是什么？

A. 孩子故意犯错，就是为了惹我生气。

B. 孩子遇到困难了，需要我的帮助。

3. 你认为以下哪种说法更正确？

A. 如果没有规则约束，孩子有可能会变得无法无天。

B. 如果没有规则约束，孩子有可能会觉得不知所措。

4. 你更倾向于以下哪种说法？

A. 孩子故意和我对抗，除了呵斥他别无他法。

B. 孩子故意和我对抗，除了呵斥他，我还可以先抚平自己的情绪，理智地和他沟通。

5. 你认为哪种说法更正确？

A. 只要是为了孩子好，即使对孩子发脾气，他也不会记仇的，等他长大了就明白家长的苦心了。

B. 即使是对自己的孩子，也要讲究教育的方法，父母情绪的稳定有利于孩子的心理健康和一生幸福。

6. 一件事你已经强调无数次了，可是孩子还是会做错，你会有什么想法？

A. 孩子实在是不长记性，什么都做不好。

B. 虽然强调了无数次，孩子还是做错，说明孩子是真的不知道怎么做才对。需要我和他一起再次仔细观察这件事，一起讨论解决方法。

答案解析：

答案没有绝对的对错之分，但是我们认为每题的 B 选项是更优的答案。

你可以从两个选项的对比中概括出本章倡导的养育理念——我们相信孩子有向上的本能，当孩子出现逆反行为时，并不代表他是个问题孩子，而是代表他遇到了困难。家长应该把孩子和问题分开，用平静的心态去帮助孩子处理问题，顺势而为，而非坚持与孩子对抗，这将更有助于缓和亲子关系和解决问题。

你可以对照自己的答案，回顾自己在阅读本章内容前后的变化。在了解了自己在养育观念上的改变后，你可以和家人一起，完成以下家庭作业：

和家人一起观看电影《小孩不笨》，分享彼此的观影感受，并分享你的养育观念中变化最为明显的部分。

养育之"术"

本章内容教给了家长们许多实用的养育方法，你可以通过回答以下问题清晰了解自己的养育方法。

1. 你认为以下哪种要求更合理？

A. 要求 6 岁的孩子专心读绘本 30 分钟。

B. 要求 12 岁的孩子专心读书 20 分钟。

2. 你认为哪种处理情绪的方式更容易被孩子接受？

A. 忍不住对孩子发火，在发火之后感到后悔，对孩子说"妈妈都是为了你好"。

B. 发脾气之前，先深呼吸 3 次，告诉自己愤怒解决不了问题，放慢语速与孩子交流。

3. 面对孩子的错误行为，你认为哪种处理方式更合理？

A. 严厉批评，要求孩子以后绝不再犯。

B. 了解原因，接纳孩子的情绪，找出错误中值得肯定的地方。

4. 你认为怎么做会加强孩子的自尊？

A. 发现孩子的缺点并纠正。

B. 发现孩子的优点并赞美。

5. 你更倾向于哪种做法？

A. 对孩子严加管束，让孩子惧怕自己。

B. 和孩子成为朋友，让孩子信任自己。

答案解析：

答案没有绝对的对错之分，但是我们认为每题的 B 选项是更优答案。

你可以从两个选项的对比中概括出本章在养育方法上传递的信息——对孩子的赞美肯定比批评指责更有助于树立孩子的自尊；合理的期待比苛求更有助于孩子的成长；平静的情绪状态比愤怒的情绪状态更有助于沟通。

在回答这些问题的时候，你也可以对比一下自己之前的做法，带着思考来完成下面的家庭作业：

请你和孩子一起规划一次短途旅行，确保在旅途中遇到冲突时能用学习过的方式来解决。旅途结束后，和家人分享自己做得好的部分，听听家人的反馈和建议。

第二章

想培养优秀的孩子，
先做高情商的父母

【摘要】

在牢固的依恋关系基础上，家长如何逐渐过渡为孩子的教练。家长将学习管理自己的情绪，成为孩子的榜样；学习接纳孩子的情绪，选用倾听、理解、合作等方式而非惩罚的方式面对孩子的错误；学习真诚地赞美孩子，培养孩子的独立能力。最终，让孩子用一种"习得性乐观"的方式去看待这个世界。

【学习目标】

1. 掌握管理情绪的方法，在此基础上接纳孩子的感受。

2. 通过讲述事实、阐明后果等方式让孩子合作，掌握代替惩罚的初级方案和应对更严重问题时的克服困难法。

3. 掌握赞美孩子的技巧，给孩子足够的空间和支持，让孩子学会独立。

4. 通过看到孩子的进步、给孩子做事空间、正面反馈等方式，帮孩子养成习得性乐观，培养乐观积极的孩子。

◐ 第一节

接纳父母和孩子的情绪

情绪的处理方法：看到它，接纳它，看它要告诉我什么。

——萨提亚

优秀的孩子必定是"双商在线"。看到孩子发脾气，家长很容易被孩子的情绪感染，结果是孩子"成功"激怒家长，一场家庭风波开始了。发脾气—争吵—内疚，如此不断循环，整个家庭氛围充满压抑和愤怒。高情商的父母会如何做呢？首先，要了解什么是情绪，以及情绪有哪些特征。

一、了解情绪

（一）情绪是一个动态过程

情绪是内心的感受经由身体表现出来的状态，包括内心的感受（悲伤、愤怒、欢快、喜悦、高兴）、身体的感觉（酸、麻、胀、痛）、想法（对刺激事件的评价、对感受的评价）、行为（表情、动作），它是一个动态的过程。

（二）情绪是一种能量

情绪不会凭空消失，它会以一种能量的形式储存在我们的身体里。比如今天因为一些事情特别愤怒，但没有及时表达，第二天又有新的事件引发新的愤怒，但愤怒再次被积压，如此下去，就像吹气球一样，气球越吹越大，最终会突然爆炸。又比如我们不经意的一句话却引发对方大怒或者大哭，这时其实很有可能对方的情绪积累已久。

所以，情绪是一种流动的能量，若它能顺利流动起来，人的体验和感受也就更具生机与活力。

情绪的疏导过程，就是要把它这种能量转化为另一种能量。比如当人们有高涨而激烈的情绪时想要大声喊叫，喊过之后感到情绪平静了很多，又或者有些人通过运动的方式来疏导消极情绪，将情绪转化成运动的能量。

（三）情绪应该为我们服务，而不应该成为我们的主人

情绪具有传递性。比如丈夫在单位因为一些事情产生了愤怒的情绪，如果没有合理处理，回到家将情绪发泄到妻子身上，而妻子在给孩子辅导作业时，又会把情绪发泄到孩子身上，这样我们就会被情绪牵着鼻子走。但实际上我们需要分清属于自己的情绪和属于他人的情绪，让情绪流动起来，为我们服务。

二、什么是情商

（一）情商包括以下 5 个方面的能力

1. 感知自己情绪的能力

监视情绪时时刻刻的变化，察觉某种情绪的出现，观察和审视自己的内心世界体验。即便在自己特别冲动的时候，也能准确地意识到自己的情绪，觉察自己的情绪。

2. 情绪管理能力

当情绪产生时，尤其是负面情绪产生时，也能控制自己，让自己的行为适应所处的情境，并作出恰当的反应。比如上课的时候被老师冤枉考试作弊，想哭、想辩解，但是考虑到其他人的感受当时忍耐下来，过后找适当的时机为自己伸冤。

情绪管理能力包括集中精力、坚持不懈、控制冲动和延缓满足的能力。

3. 自我激发能力

指"积累"自己的情感。比如孩子被老师误解考试作弊，孩子能主动为自己伸冤。为自己伸冤时，即便老师不相信，也能努力用实力来证明自己能考出好成绩。这时孩子不是自我怀疑、懒于行动和盲目冲动，而是积累这种负气感和自尊心受挫的感觉来控制自己的行为，以此证明自己的价值。

4. 共情能力

指能够通过他人的语言和非言语线索，感知他人情绪的能力。

比如面对冲突时，如果能够站在他人的角度考虑，不仅能听懂对方语言表达的信息，更能理解对方的非语言信息（如表情、语调），看到对方深层的情感需求。

5. 处理关系的能力

指善于处理人际互动关系，善于沟通、解决冲突和进行协商。

处理人际关系是更为复杂的一种综合能力。比如当孩子和同学发生矛盾时，孩子能够冷静下来分析彼此的问题出在哪里，主动和同学沟通交流，把问题和冲突看成是促进彼此关系的契机。

（二）高情商父母所具备的能力

高情商父母在养育孩子的具体过程中，能够做到：

1. 接纳孩子的感受。

2. 避免和孩子发生小争吵，让孩子听话。

3. 和孩子一起面对困难，分析问题。

4. 正确赞美孩子。

5. 塑造孩子的独立性格。

6. 当孩子遇到挫折时，激励孩子看到更多可能性。

对父母来说，这些能力听起来有些困难。但父母自己亲身学习的过程，也是在给孩子树立一个榜样。年龄越小的孩子模仿能力越强，他会试着用父母的方式来处理自己和他人的情绪。当父母、孩子都意识到这一点时，会在最开始的情绪爆发之前停止争吵，而用更多的时间来看到彼此的需求和优点，形成家庭关系的良性循环。

（三）高情商的养成

高情商的养成，需要一个过程，它包括以下两个部分。

1. 及时平静下来

在被情绪困扰的当下使用一些小方法，及时、快速地让自己平静下来，然后感知自己的情绪，舒缓消极情绪，调动积极情绪，得体大方地解决眼前的问题。在第一章中，我们已给大家介绍了一些小方法，比如关注自己的身体感受、运用腹式呼吸法等。

2. 养成疏导情绪的良好习惯

找一个属于自己的时间，运用系统的方法，让自己和难受的事情相处在一起，接纳自己的情绪，接纳自己不满意的一切，看到自己的优势和资源，然后给自己更多的可能性和选择。

可运用的方法有正念认知疗法、情绪聚焦疗法等。

（四）情绪按钮

1. 找到情绪按钮

情绪按钮指在日常生活中能触发人们情绪的事件或环境。观察我们在遇到什么情况时，最容易控制不住自己的情绪，了解其背后的原因，就能帮我们找到情绪按钮。

2. 按下暂停键

当我们知道哪些事情容易让我们失控，知道我们的情绪按钮在哪里时，我们在遇到这些事情时就可以马上提醒自己，对自己说一声"暂停"，按下暂停键，让自己立刻从当前的事件和情绪中跳出来。

3. 给自己空间

让自己的节奏慢下来。可以运用我们之前学到的方法，如腹式呼吸法，关注自己的身体感受，想象有很多架摄像机在拍摄自己，或者转过身停止说话并且心里默默告诉自己"让我休息一下，让我想一想，让我先出来，先喘口气"等，给自己腾出一个独处的缓冲空间。

4. 用更合适的方法疏导情绪

放慢自己说话的语速，平稳地说出此时此刻自己内心的感受，比如"我现在有些生气，有些不高兴，有些难过"，这一步就是为了看到自己的情绪并接纳它。当感受被说出来后，自己的情绪也会慢慢平静下来，这样才能够真正帮到孩子。

三、接纳孩子的感受

接下来我们通过一些案例，探索父母接纳孩子的感受的重要意义，以及接纳孩子的感受的 4 种方法。

(一)接纳孩子的感受的重要意义

【案例】

军军，一个 6 岁的男孩，因为多动症被家长送来咨询室接受辅导。据家长描述，军军近段时间在家无缘无故摔东西、撕书、将窗帘点着火、捂着耳朵大声喊叫、发脾气等。如果家长干涉，军军的行为会更失控，浑身发抖，用力跺脚，用拳头奋力打自己。家长怀疑他是患了多动症，带他去专业机构做了一个阶段性注意力训练，并没有效果，因而来到咨询室寻求帮助。

在家长和军军的配合下，咨询师了解到军军在出现这一系列行为之前发生了一件事。一天放学的时候，军军在校门口等家长接自己。他没看到对面飞驰而来的摩托车，摩托车紧急鸣笛后急刹车，从他面前擦身而过，差一点撞到他。军军当时吓了一大跳，愣住了。他在原地站了很久，后来被家长接回家，也没将这件事情告诉父母。自此之后，军军听到家里楼下有较大的声音，比如汽车鸣笛、装修噪音等等，就会捂着耳朵走来走去、大喊、摔东西、发脾气，甚至点火。

军军为什么会有这一系列的行为呢？

从家长的叙述可知，孩子在明显的情绪失控行为出现之前曾受到过惊吓，并且这种情绪并没有被疏解。也就是说，孩子遇到了困难，而解决这个困难的难度远远超出了他的能力所及，他内心极其渴望家长来帮帮他。但是作为一个6岁的孩子，他受困于自己的情绪却又不懂得如何去表达，只能以这样的行为来寻求家长的关注。可见，对于孩子而言，他的感受需要得到家长的接纳，否则他的情绪无法平静下来。

（二）觉察到孩子的感受

想一想，在上面的案例中军军都有哪些感受呢？

1. 即将被摩托车撞到时的恐惧、惊吓、惊慌失措。

2. 摩托车擦身而过之后的不知所措、后怕、无助、等待父母援助的迫切心理。

3. 由于受到创伤后应激性障碍的影响，最初受到惊吓的恐惧、害怕、焦虑、紧张、警觉都在加深。

4. 军军的感受一开始没有被父母觉察到，后续又不断被父母制止和否定，他内心感到迷茫、愤怒、焦虑、没有安全感、无助、痛苦、自责等。

也许家长会产生疑问：孩子的感受如果错了呢？理解孩子的感受就不管孩子的问题了吗？

我们刚才讲过，情绪感受是对外界刺激的反应，没有对错之分。只有接纳了孩子的感受，他才能平静下来，负责理智的大脑才能想办法去解决问题。接纳感受这件事是需要经过训练才能习得的，所以孩子必须通过父母的言传身教才能学会。

（三）接纳孩子的感受的方法

1. 专注地聆听

专注地聆听是指家长放下手中的事物，全身心聆听孩子的表达。

【案例】

孩子："爸，我的腿青了一块，衣服也被同学撕了一个口子，气死我了！"

爸爸：（放下手中的工作，视线从电脑转向孩子，看着孩子，点点头，示意孩子继续说完。）

孩子："我和一个同学打了一架，我把他挠了，爸你说我厉害不厉害。"

爸爸：（身体转向孩子，视线一直在孩子身上，表情和孩子的表达一致。）

孩子："衣服撕这么大口子，真是气死我了。"（越说越生气，走到爸爸身边，掀开衣服，把撕坏的部分给爸爸看。）

爸爸：（看着衣服，点点头，不作任何评判。）

孩子："我下次再也不和他玩了。我找了一个新朋友，他就从来不打人。"

爸爸：（微笑着点头，抚摸着孩子的头。）

分析：如果家长能专注地聆听孩子说的话，在聆听中耐心陪伴，孩子就能轻松而完整地表述他所面对的困境。家长什么都不需要说，只需点头、给予孩子目光注视并全程陪伴，孩子最需要的是父母的倾听。

2. 跟随孩子的感受，用简短的词语回应

跟随孩子的感受就是允许孩子有任何感受，允许孩子充分表达自己的感受。用简单的词语回应孩子，不加任何评价，只需表示觉察到孩子的感受,认同孩子的感受。

【案例】

孩子："爸，我腿青了一块，衣服也被同学撕了一个口子，气死我了！"

爸爸："哦？"

孩子："我和一个同学打了一架，我把他挠了，爸你说我厉害不厉害。"

爸爸："是这样啊。"

孩子："衣服撕这么大口子，真是气死我了。"（越说越生气，走到爸爸身边，掀开衣服，把撕坏的部分给爸爸看。）

爸爸："是吗？"

孩子："我下次再也不和他玩了。我找了一个新朋友，他就从来不打人。"

爸爸："哦，看来你找到了解决方法。"

分析：使用"嗯""啊""哦""是吗""这样呀"这些简单的词回应孩子（注

意语音、语调、语速的转换配合），先跟随孩子的情绪感受，随后带出孩子对整个问题的思路和感受，孩子在阐述的过程中就会自己发现问题的解决方法。

3. 表达孩子的感受

表达孩子的感受，首先要体会到孩子的感受，然后把这份感受反馈给孩子，帮助孩子认识到自己的感受。

【案例】

孩子："旺旺（孩子养的小狗）怎么就走丢了呢？"

爸爸："是呀，我们都没注意到，太可惜了。"

孩子："以后你们不在家，就没人能陪我了。"

爸爸："嗯，爸爸知道旺旺带给你很多的开心和陪伴，你们有很多难忘的快乐时光，你现在一定很难过吧。"

孩子："非常难过，它是我最好最好的朋友。我这几天就在路口等着它，它会回来吧？"

爸爸："爸爸陪你一起等它，爸爸也希望旺旺早点回来。"

分析：家长通常会刻意不去表达孩子内心的负面感受，因为家长担心说出这些感受孩子会更难过。但事实恰恰相反，父母如实表达孩子的感受后，孩子会觉得自己被理解了，内心会很欣慰。

4. 调动孩子的想象力来实现愿望

孩子的有些要求，家长不可能及时实现。为了满足孩子在那一刻的心理需求，家长可以采用调动想象力的方法来满足孩子。

【案例】

孩子："妈妈，我现在想吃蛋糕了，我们买蛋糕去吧。"

妈妈："唉呀，妈妈饭都做好了。要是这些饭菜能变成不同口味的蛋糕就好了。"

孩子："嗯嗯，太好了，妈妈你变吧，变不出来再让爷爷去买。"

妈妈："宝贝，你看这四菜一汤像不像四个小蛋糕和一个大蛋糕。那个大蛋糕还是榴莲味的。"（蹲下来，看着孩子，做出享受吃榴莲蛋糕的样子。）

孩子："太好了，太好了，妈妈，真的有榴莲味。"

妈妈："我感觉这个像是个巧克力味的蛋糕，宝贝先吃点巧克力味的怎么样？"

孩子："好的，妈妈。"

分析：孩子特别渴望得到某种东西的感觉一旦被理解，他的行为就容易被引导了。父母运用想象的方式，其实就是在和他玩游戏，是用另一种欢乐的方式接纳他。

四、总结与家庭作业

(一)总结

通过以上内容，我们明确了这节的学习目标：了解高情商和养成高情商的过程，掌握情绪的机制，运用情绪按钮及时控制情绪，以及运用具体的方法接纳孩子的情绪。

(二)家庭作业

回想一件孩子惹怒你的事情，运用本节提供的情绪控制方法和接纳孩子的感受的方法，讲讲你该怎样做。

1. 被孩子惹怒的一件事是什么？

_____

2. 在这件事情上，你的情绪按钮是什么？

_____

3. 找到你的情绪按钮后，你会用什么样的方法来控制情绪？

_____

4. 在这件事情上，你如何专注地聆听孩子？

5. 在这件事情上，你如何跟随孩子的感受？用简短的词语回应。

6. 在这件事情上，你如何帮助孩子表达他的感受？

7. 在这件事情上，你如何调动孩子的想象力来实现愿望？

◐ 第二节

怎样既避免争吵，又让孩子配合

如果希望成为一个善于谈话的人，那就先做一个善于倾听的人。

——卡耐基

【案例】

睿睿在升入中学以后，学习压力增加，他需要更加合理、高效地安排时间和作息，利用生活中零碎时间，养成更好的课后学习习惯。这对全家人来说都是一个挑战。全家人的起床、进食、阅读以及家庭会议等所有生活习惯都要相应重新调整。因此，在适应新习惯过程中，他们会出现各种调整不到位的状态。

他们要怎么引导孩子养成新习惯呢？

大家可能会想到之前学习的关于规则制定和执行过程中应该要做的事情。比如制定有效、可执行的规则，父母的言传身教、言行合一，温和而坚定地拒绝孩子的不合理要求等。

但即便这些事情都已经做到了，在执行中还是会遇到困难。有一次因为在规定时间内没有完成作业，睿睿突然大发脾气，语气中充满了对规则的不满、疲惫、泄气，当然也有对自己的不信任感和对未来的不确定感。

这时候，父母用到了上一节中接纳孩子情绪的方法来应对。这样做，首先能让孩子缓解由于紧张的节奏所产生的焦虑，然后能清楚地了解孩子所面临的具体困扰有哪些。那么，接下来应该怎么做呢？

在习惯的养成中，一个很重要的环节就是单纯地做事情。单纯地做事情包含固定的习惯、固定的重复行为。在身体方面，能形成一系列一气呵成的肌肉动作，大脑皮层也能形成一条连贯的神经通路。这样一来，只要在确定目标有效的前提下，一点一滴地付出，就能逐渐积累，最终达成目标。

当所有家庭成员意见达成统一，都认可一个规则，并且在每个人都愿意配合的情况下，若遇到小波折，如何不吵不闹地让孩子配合去单纯地做事情？这个过程包括以下几个环节：

第一，家长在看到孩子发脾气或者不配合的情况下，控制和调整自己的情绪，先让自己平静下来。

第二，在执行的过程中，将自己和孩子放在相互合作的关系中，把孩子当作是自己的合作者。

第三，家长想出明确的、能够实现目标的、一说就能让孩子做到的动作。

第四，家长不要评判、说教、指责孩子，只是传达出这个清晰简单的动作。

第五，给自己和孩子不断试错、不断成长的机会。一次不行就多试几次，一种方法不行就多换几种，把遵守规则培养成习惯。

一、控制情绪的方法

情绪管理对父母来说是尤为重要的一项能力。这不是因为父母的情绪管理本身有障碍，而是因为很多人虽然平时在生活和工作中能够很好地调节情绪，但在成为父母后，自身状态却时刻受到孩子状态的影响。当孩子状态好时，父母就特别欣慰鼓舞；孩子稍有不顺利，父母便会心情低沉。父母的情绪处在这种像坐过山车一样的状态里，就会增加失控的风险，形成不容易摆脱的消极情绪，造成恶性循环。

如何摆脱情绪的恶性循环？家长需要掌握一些必要的情绪调节方法。比如，理性情绪疗法（REBT）可以帮助家长从认知的角度控制和管理自身的情绪。它也叫情绪的 ABC 理论，是认知疗法的一种，由美国心理学家阿尔伯特·艾利斯（Albert Ellis）于 20 世纪 50 年代创立。这一理论认为引起人们情绪困扰的并不是外界发生的事件，而是人们对事件的态度、看法、评价等认知内容。因此要改变情绪困扰，不应致力于改变外界事件，而应致力于改变认知。通过改变认知，进而改变情绪。其中：

A=activating events，代表激发事件；

B=beliefs，代表人们对事件的理解和信念；

C=consequences，代表人们做出的相应的行为和情绪反应后果。

在情绪产生之前，必然会有导火索存在，它激发了我们情绪的产生。通常认为，是事件（A）引起了我们的情绪和行为（C）。而艾利斯则认为，激发事件（A）只是引发我们情绪和行为后果（C）的间接原因，直接原因其实是我们对这件事的认知和评价而产生的信念（B）。

简单来说，你和别人遇到了同样一件事，但是彼此的情绪和行为却不一样，这是因为彼此对同一件事的信念、理解不同。

除此之外，艾利斯还具体指出"正是由于我们常有的一些不合理信念才使我们产生情绪困扰"。而这些不合理信念具有如下特征：

第一，有绝对化要求。比如我们经常说"我必须"或者"你应该"，在这样的绝对化要求下，不管是自己还是对方压力都会很大。

第二，有着过分概括的评价。如孩子只是偶尔出现某种行为，家长在情绪激动的情况下，概括成孩子总是这样。比如孩子一次考试没考好，父母觉得他总是不好好学习，态度不端正。

第三，认为会发生糟糕至极的结果。比如认为孩子没考上大学，那一切都完了，没有希望了。

在这 3 种不理性想法的驱动下，人会陷入无助、恐慌、焦虑等不良情绪之中，甚至可能一蹶不振。

改变不合理的信念，就能改变自己对一件事的情绪、感受和行为。弄清自己因不同信念所引起的情绪以及行为后果，在面对同一问题时就可以获得多种解决问题的方案。

控制住了情绪，接下来要做的就是在执行过程中将自己和孩子放在相互合作的关系中，把孩子当作是自己的合作者，培养孩子的合作能力。

二、培养孩子合作能力的重要性

合作能力是孩子社交能力的起点，一般从 7 岁开始发展，并且会一直持续发展下去。孩子是先学会和别人合作，才慢慢发展出与别人的良好关系的。

（一）有利于促进儿童认知及其心理发展

根据皮亚杰的认知发展理论，2 ~ 7 岁的儿童处于前运算阶段。此阶段儿童的发展特点是缺乏对外部世界的广泛认知。他们的思维、语言表现出以自我为中心的特点。

他们只能从自己的角度看世界，难以认识和理解他人的观点，这使其与成人或同伴之间的沟通交流变得困难，阻碍合作行为的产生。此阶段儿童受年龄局限和认知发展的自我中心化影响，因此，培养他们的合作意识和合作能力是十分必要的。

根据儿童心理发展规律来看，这一时期儿童的心理发展是一个从无意识到有意识的发展过程。他们能有意识地利用环境，将无意识获得的知识予以有意识地加工和丰富。

他们对周围的环境充满好奇，爱模仿、爱学习、好问、好探索，在语言、情感和行为上表现出合作倾向。比如刚进入幼儿园的小朋友，适应了幼儿园生活之后，总是喜欢到处跑来跑去，这其实是他们在探索周围环境。

（二）有利于促进人际关系

同伴关系在儿童心理发展的过程中起到不可替代的作用，此阶段儿童合作意识的培养也将构建良好的同伴关系。比如孩子在足球队里或兴趣班里很容易因为某项共同的任务结交到好朋友，并维持这种同伴友谊。

（三）有利于打开思维，提升创造力

一个人在解决问题时，常常会受自己思维的局限而陷入困局；但在与他人合作时，自己的想法就能和别人的想法碰撞，以此产生的思维碰撞会激发出更多的创造性结果。这对于孩子来说也是一样的，不经常与人合作的孩子常常陷入自己的困局中，找不到解决问题的更多方法。但如果家长经常鼓励孩子与人合作，这样就能避免孩子在遇到困难的时候解决方法单一，或者走入极端、陷入绝望。鼓励孩子多参加夏令营活动，也有利于打开孩子的思维。夏令营里往往会设置需要合作才能完成的任务，比如探索和寻宝的活动。一个人的力量毕竟是有限的，当遇到困难的时候，小伙伴之间的讨论交流正是打开思路、激发创造力的好时机。

三、让孩子与家长合作的技巧

如果我们已经在具体的规则上与孩子达成一致，并且大人孩子都愿意配合改善，那么家长就可以站在与孩子合作的角度，用不评判、不说教、不指责孩子的方式，清晰地传达出明确的、有效的、一说就能让孩子做到的言语或动作。具体的做法如下。

（一）讲述客观事实

描述客观现象，讲述看到、听到的事实，不做出评价。尽量少用"你""你们"，少用评价、判断是非对错的词语，只讲事实。

【案例】

反例：你怎么总是乱丢垃圾，家里被你搞得乱七八糟！

正例：我看到你的作业和刚刚吃过的零食袋放在了一起。

反例：当初真不该给你买猫，都不给猫铲屎！

正例：我看见猫砂盆里已经满了。

分析：当人们受到评判或不断被指出错误的时候，会产生抵触和对抗的情绪而不愿去做该做的事情。如果只向人们描述问题，阐述一个客观事实，就能把焦点聚集到问题本身上，避免彼此的指责和抱怨，促进问题的解决。

当我们向孩子阐述事实的时候，既不是在评价他做得好或不好，也不是在给他贴标签（比如"你就是这样的孩子"），那么孩子就容易发现问题并配合解决问题。

【案例】

妈妈：睿睿，你的袜子落在墙角了。（描述现象）

睿睿：好的妈妈，我把它放到洗衣机里。

妈妈：洗手间的地好像湿了。（描述现象）

睿睿：我放完袜子就擦地。

妈妈：睿睿，我在卧室里都听到动画片的声音了。（描述听到的内容）

睿睿：好的妈妈，我把声音调小一点。

（二）阐明后果

描述事实之后，孩子可能还考虑不到后果，这时候家长需要进一步阐述这件事所导致的后果，但不要夸大事实。

【案例】

反例：写完作业，把作业放到书包里，这还需要每天提醒你吗？

正例：写完作业不及时放到书包里，第二天容易忘记带哦！

反例：你这个房间乱的，垃圾都堆成山了。

正例：清理下垃圾，不然会滋生细菌，危害身体。

分析：向孩子阐明后果，孩子通常会为避免承担自然后果而愿意配合。难点在

于家长在提示时不要带有指责的态度。

注意事项：提示的内容不要让孩子感觉幼稚。例如不需要提示高中生迟到了会被老师罚站。

（三）用简单的词语回应

用简单的词语代替强迫性命令，给孩子发挥的空间，指示的话语越短越好。

【案例】

长篇大论：一天天能不能长点心？总是把书包乱放，忘带书包。能不能有一天你自己记得把书包带上？让我们少操点心吧！

简单词语：你的书包。

长篇大论：今天我们得好好讨论一下养猫的事情。买猫的时候你可答应了由你来照顾猫的，是不是？但是，这周怎么样？你喂了几次？添了几次猫粮？都是我们来弄的吧？你做事怎么能这么不负责任呢？

简单词语：猫碗。

分析：孩子不喜欢家长长篇大论地说教，喋喋不休。对他而言，家长的指示越短越好。当孩子听到"你的书包""猫碗"的时候，他就会知道自己该做什么，会配合家长行动起来。

对家长来说，简单的话语节省沟通时间，避免孩子厌烦和产生负面感觉。

注意事项：不要用孩子名字作为简单词语提示，避免孩子将自己名字和负面记忆联想到一起。

（四）告诉孩子你的真实感受

如实告诉孩子你的感受，真诚对待孩子，不要夸大感受。

【案例】

反例：下次不要跟我抢话！

正例：在你抢话的时候，妈妈有被人冒犯的感受，希望你能听我把话说完。

反例：我现在没空管你！

正例：我现在因为工作的事情有点心烦，很想发脾气，等晚饭后我平静下来再辅导你做作业吧。

用孩子能接受的方式告诉孩子你的情绪。比如，一位妈妈辅导孩子时这样比喻自己的耐心："宝贝，妈妈现在的耐心像西瓜一样大""宝贝，妈妈现在的耐心像葡萄一样大""宝贝，我现在的耐心已经像绿豆那么大了，你的玩具应该归位了"。孩子会把妈妈的话当真，配合妈妈规范自己的行为。

分析：孩子希望了解家长的感受和看法，并且和自己的感受做对比。当父母尊重孩子的感受时，孩子也能学会尊重父母的感受。家长越如实表达情绪感受，孩子越真诚配合。只要孩子没感受到被家长指责、攻击，即便家长表露自己的负面情绪，孩子也愿意配合。

注意事项：有时候孩子不太能够接受父母的负面感受。例如，家长对孩子表达"你这么做让我很不高兴""我现在很生气"，孩子可能反过来对家长表达"你不高兴，我还不高兴呢"。这种情况下，家长还可以用表达期望的方式来告诉孩子，比如用"妈妈希望你爱护小动物"代替"你踢狗狗，让我很不高兴"。

（五）善用便条

如果当面交流不方便时，可以用简短的语言去描绘需要孩子配合的行为，并写在便利贴上。

【案例】

1. 宝贝，爸爸白天不在家，但是今晚9∶00的故事时间照常，这之前记得写完

作业哦。

——爸爸

2. 宝贝，爸爸看到你成绩下落很大，有点担心你，爸爸可以为你做点什么吗？

——无条件支持你的老爸

分析：小孩子会喜欢收到小纸条这种沟通方式，觉得像是在做游戏，甚至想要用纸条来回复家长。对于大孩子来说，他们会为父母花时间、花精力给自己写便条的行为而感动。对于家长来说，便条便捷又节省时间，还可以保留下来给孩子。

注意事项：写便条要事项清晰，有指导性，让孩子一看就明白怎样做。便条一般简短、字数少，偶尔可以写成长篇幅。便条以加强指导作用为主。以便条作为一种沟通方式时，切忌便条数量过多。

四、总结与家庭作业

(一)总结

在接纳了孩子的情绪以后，从合作的角度引导孩子配合养成好习惯，具体的过程是：

第一，家长看到孩子发脾气或者不配合时，运用理性情绪疗法先让自己平静下来。

第二，在执行的过程中，将自己和孩子放在相互合作的关系中，把孩子当作是自己的合作者，培养孩子的合作能力。

第三，家长想出清晰简单的动作，用不加指责的方式传达给孩子。具体方法有：讲述客观事实，阐明后果，用简单的词语回应，告诉孩子你的真实感受以及善用便条。

第四，要给自己和孩子不断试错、不断成长的机会。一次不行就多试几次，一种方法不行就多换几种，把遵守规则培养成习惯。

（二）家庭作业

和孩子一起逛商场时，孩子看到一个喜欢的玩具，一定要你买给他。可是家里也有一个类似的玩具，你不想买新的给他。

1. 遇到这种情况，通常你的做法是什么？

_____

2. 根据本节讲解的方法，你将如何获得孩子的合作？

（1）讲述客观事实。

_____

（2）阐明后果。

_____

（3）用简单的词语回应。

_____

（4）告诉孩子你的真实感受。

_____

（5）善用便条。

_____

● 第三节

越惩罚越不听话，家长应该怎么做

> 叛逆其实就是一个信息——它告诉你有一些东西需要改变了。这并不代表只有孩子需要改变，有时候是整个家庭都需要去改变。
>
> ——约翰·贝曼

在上一节中，我们为大家分析了在接纳孩子的情绪以后，从合作的角度引导孩子配合养成好习惯。

父母要给孩子和自己不断试错的机会，目的是把遵守规则变成长期的习惯。过程肯定不是一帆风顺的，孩子不能随时如家长期待的那样表现完美，甚至某些时刻，还会"明知故犯"或者"屡教不改"。

当孩子"屡教不改"的时候，我们就会觉得孩子太过分，认为必须要惩罚他，惩罚完以后孩子就能长记性并改正错误。但事实果真如此吗？

一、惩罚孩子不是父母的目标

当父母看到孩子"屡教不改"时，他们的心理活动是：

1. 孩子又一次犯错，认为他做得有点过分。

2. 严重违反规则，必须要惩罚他才能让他记住。

3. 惩罚完以后，孩子长记性了，就能改错。

为什么孩子受到惩罚就能改错？他是为了故意讨要惩罚才犯错？他因为得到惩罚才变得继续听话？难道以后只要遇到不听话的情况都要惩罚？惩罚孩子是解决问题的根本之道？

显然，我们的目标不是惩罚孩子，而是去解决问题。

重点不在于讨论是否应该惩罚孩子，而在于为什么孩子又一次犯错，为什么做得这么过分。

所以，还需要进行以下步骤：

1. 搞清楚孩子犯错的原因。

2. 发现孩子缺少的能力和需要的帮助。

3. 商量一起解决问题的方法。

4. 执行，试错，调整方法，再执行。

总结：惩罚只是方法，而不是目标，解决问题才是目标。

二、惩罚以外，还能做什么

那么在惩罚之外，家长还能做些什么？

【案例】

睿睿在写作业的时候有个不好的习惯，就是总是上网或者去参考书里抄答案，自己不愿动脑思考。家长曾给睿睿分析这样做的严重性，睿睿也表示会坚持改正错误。然而，老师再次给家长打电话，说孩子作业是抄的。父母当然非常生气，觉得孩子爱偷懒并且屡教不改。

睿睿的父母当时在气头上，想着必须要给孩子一个深刻的教训，但是冷静下来

以后，总觉得应该还有更好的方法。但是具体要怎么做呢？

我们知道家长不能大声训斥孩子，和孩子争论也不是最有效的方法。在这件事情中，孩子的积极方面是他想办法完成了作业，但是他违反了原则性的规定。我们要在尊重孩子的基础上，让孩子尊重规则。

（一）父母和孩子的状态

我们先来看看案例中父母和睿睿的状态。

1. 父母的状态

父母的情绪状态：心里虽然平静很多，但依然生气、焦虑、无奈，担心孩子的能力不足。

他们内心的需要：让孩子意识到抄答案的危害。

他们想让孩子做的事情：立刻改正，绝不再犯。

2. 睿睿的状态

睿睿此刻的情绪状态：害怕受到惩罚、焦虑、羞愧、负气。

他内心的需要：得到父母的理解，接纳自己再一次犯错。

他想让父母做的事情：不生自己的气，不惩罚自己，能给自己帮助。

（二）管理情绪

1. 让自己冷静下来

解决问题，父母需要先管理情绪。睿睿的父母在正式找孩子聊抄作业这件事之前，得先让自己平静下来，可以使用的方法有：关注身体法、腹式呼吸法、情绪按钮法和理性情绪疗法等。

2. 理智规划沟通的过程

冷静下来之后，可以理智思考接下来沟通的步骤。

（1）接纳孩子：接纳孩子的情绪，倾听孩子抄作业的原因，站在孩子的角度去理解他不得不抄作业的理由以及孩子期望达成的目标。

（2）表达父母的观点：父母的理解、感受、需要和期望孩子达成的目标。

（3）评估过程：发现孩子缺少的能力，评估孩子现有的能力和能做到的程度，规划有限时间内要达到的大目标，分解单位时间内可执行、可实现的小目标，一起制定初步计划。

（三）倾听与表达

1. 倾听与理解

在与孩子沟通时，首先是倾听与接纳孩子的情绪：专注地面对他，不打断他的诉说，更不要评价或指责孩子，只是点头不语，如果实在想说话，就用简单的词回复，如"哦""是啊""这样啊"，或者重复他说的内容，表达你对他诉说的内容的重视。也可以说出孩子的感受："你一定很着急。"

2. 重点倾听的内容

在倾听的过程中，总结孩子诉说中他所遇到的困难、他的感受、他的需求与他希望父母做的事情。可以重复与这些内容有关的话语，一是表示你在认真倾听孩子说话，你尊重他；二是在核实你的理解是否有误；三是在和他一起总结。

3. 表达父母的理解、感受与期待

（1）在反复确认孩子已经表达了他所要表达的全部内容后，表示现在是父母表达的时间，孩子需要像父母一样耐心倾听。

（2）表达父母的理解、感受、需要和期望孩子达成的目标。

（四）客观理解

1. 和孩子一起想办法，提出实现父母与孩子的共同期待的可执行方案。

2. 用之前学到的方法执行方案：描述事实、提示、用简单的词语表达、说出你的感受、写便条。

3. 在沟通的过程中，以"我的看法是……""我的感受是……"代替"你就是……""你必须……"来表达的想法。

以上（一）至（四）这 4 个步骤是当我们想要让孩子遵守规则、改正错误的时候放弃惩罚的替代方案。

三、克服困难法

如果在特定的复杂情况下，以上这些方法不奏效，还可以使用克服困难法。

克服困难法的核心在于，家长和孩子遇到困难就事论事地克服困难，一般指在父母与孩子双方情绪都平静的情况下一起找到更多解决问题的方法。并且，我们的做法既不能太过严厉而伤害孩子的自尊心，也不能太过温柔而让孩子觉得改正这个错误是不重要的。

主要包括以下步骤。

（一）明确表达强烈不同意的立场

比如在这个案例中，要直接明了地跟孩子说明：抄作业是绝对不能被允许的行为。写作业就是为了发现自己不会的问题，然后学习去解决问题，不会做可以求助，但抄袭就是在做无用功。

（二）表明你的期望

告诉孩子你希望他做的事情，给孩子一个改正的方向，希望他遇到难题时，通过自己的努力或寻求帮助来学习如何解决。

（三）告诉孩子要如何去弥补自己的过失

要孩子去承担所犯错误的后果。这点和惩罚很不同，惩罚的目的是让孩子感到羞愧，但是由于孩子已经获得惩罚，再让他去承担后果，他就会觉得不公平，从而不想为自己犯的错误负责。而让孩子去承担所犯错误的后果的话，孩子在弥补自己过失的过程中，能看到自己行为带来的负面影响，得到深刻的体验和教训，这样才能有效避免下一次犯同样错误。在睿睿抄作业这件事上，弥补的方法是父母找到同样类型的习题让睿睿完成，总结经验，如果睿睿不会做就要想办法让他找到解决问题的方法。

（四）提供选择

有时，孩子要么由于难以达到父母的要求，又想不到其他方法而陷入停滞不前的状态，要么就顽固地坚持自己的意愿。在这种情况下，我们可以给孩子多提供几种选择，这样既能给大家一个缓冲机会，尽量使孩子愿意主动配合，又能给他做一个解决问题的示范。

例如，我们建议睿睿在实在不会做的情况下，可以把这些题归类抄在笔记本上，然后通过寻求别人的帮助，自己再总结解答同类题的方法。

（五）采取行动

当出现孩子无论如何都不配合的情况时，父母可以试试在不指责、不训斥的情况下，直接采取剥夺孩子相应特权的行动。比如，在写作业时直接没收孩子的手机，直到孩子独自完成作业后再还给他。

（六）解决问题

孩子学习新能力的过程是一个相对漫长的周期，所以看似"屡教不改"的情况比较常见，这时可以再次升级解决方案：

1. 谈谈孩子的感受和需求

当孩子"屡教不改"时，说明他的某些需求没有被满足，有些困难没有被解决，那就先接纳和理解孩子。

2. 说出你的感受和需求

同时，我们也要把自己的感受和需求传达给孩子，让他清楚知晓父母的需求，以及具体应怎么做，才能使父母满意。

3. 一起讨论，找到大家都同意的方法

接下来，和孩子一起想办法，父母可以先做示范，说出自己想到的方法，然后让孩子想一个方法。

4. 把所有的方法都写下来

这一步最重要的是，不要评价双方的方法是否合适，只要说出来，就完完整整地记录下来。这样既体现双方的平等，又能显示出我们对孩子积极想办法解决问题的重视。

5. 选出哪些建议双方能接受，哪些不能接受

双方明确说出自己不能接受的方法和详细的理由，注意尽量不要试图去说服孩

子按照自己的方法行动。这是由于"屡教不改"正正说明孩子有他自己的困难要解决，同时这样做的目的是逐渐培养孩子自己解决问题的能力。

6. 付诸行动

最后一步，把想到的方法落实，父母要和孩子一起承担结果。如果再次出现问题，父母能及时了解哪个环节需要改进。这个过程也让孩子学到如何和他人一起合作解决问题，既有利于培养孩子处理人际关系的能力，又为他以后自己解决问题打下基础。

四、总结与家庭作业

(一)总结

在本节中，我们用了一系列方法帮助睿睿一家解决他们的难题。

首先，父母需要明确表达出对睿睿抄作业这一行为的不赞成，并说明充分的理由，获得睿睿的认可。

充分表达出对孩子的期望，让孩子明白怎么做才能让父母满意，告诉孩子弥补自己损失的做法，让孩子在承担后果的过程中理解自己的行为所带来的负面影响，从而有效避免再次犯错。

给睿睿提供更多帮助，帮他找到解决学习难题的方法，避免他只采取极端的抄作业的方式。如果孩子太依赖用手机搜答案，就在写作业时没收他的手机，直到他找到其他的方法为止。

当"屡教不改"的情况出现时，说明孩子有很多苦衷。父母需要更加耐心细致地了解睿睿写作业的困难，同时父母也要说出自己的担心，然后大家一起总结出提高学习效率、解决学习困难的方法。

当然，父母要尤其重视孩子自己的想法，比如给他买一部学习机。其实，孩子小心翼翼地说出自己的想法，就怕被否定，家长要尊重这些想法，原原本本地记下来，然后大家一起选出彼此都能接受的和不能接受的。假如孩子不愿意在外面补课，不要试图强求他，要让他自己主动愿意去解决问题。确定了方案后，父母和孩子一起参与执行。

（二）家庭作业

用本节中学到的方法，去解决一个你家孩子"屡教不改"的问题，并且把详细的计划和执行的过程记录下来，观察自己用哪个方法比较有效，哪个环节自己做得不到位。

1. 代替惩罚的初级方案

（1）父母和孩子的状态

①父母的情绪状态是什么？

_____

②父母内心的需要是什么？

_____

③父母想让孩子做的事情是什么？

_____

④孩子此刻的情绪状态是什么？

_____

⑤他内心的需要是什么？

_____

⑥他想让父母做的事情是什么？

_____

（2）管理情绪

①让自己冷静下来。

_____

②理智规划沟通的过程。

A. 接纳孩子。

_____

B. 表达父母的观点。

C. 评估过程。

（3）倾听与表达
①倾听与理解。

②重点倾听的内容。

③表达父母的理解、感受与期待。

（4）客观理解
①和孩子一起想办法，提出实现父母与孩子的共同期待的可执行方案。

②用之前学到的方法执行方案。

2. 克服困难法
（1）明确表达强烈不同意的立场。

（2）表明你的期望。

（3）告诉孩子要如何去弥补自己的过失。

（4）提供选择。

（5）采取行动。

---

3. 解决问题的升级方案

（1）谈谈孩子的感受和需求。

（2）说出你的感受和需求。

（3）一起讨论，找到大家都同意的方法。

（4）把所有的方法都写下来。

（5）选出哪些建议双方能接受，哪些不能接受。

（6）付诸行动。

扫描领取 配套课程

● 第四节

学会真诚地赞美孩子

人性中最深刻的本能就是对被欣赏的渴望。

——威廉·詹姆斯

上一节我们学习了在孩子屡教不改的情况下，可以使用克服困难法初步引导孩子养成自己解决问题的能力。这一节我们将探讨当孩子解决问题能力有所提升，却仍旧面临适应困难时，父母应该如何做。

【案例】

睿睿升入中学后面对各种困难，初中的学习压力和学习状态和小学相比有很多不同。为了让睿睿更好地适应新环境，爸爸妈妈在生活中也做出很多调整。即便是这样积极地转变，睿睿还是会出现很多适应性问题。家长忙于帮助孩子处理问题，化解危机，在整个过程中耗尽大量心力。他们平日里绞尽脑汁为睿睿的问题思考解决方案，一直担心睿睿的在校生活，心里七上八下的，总在手忙脚乱地处理着睿睿遇到的困难。

睿睿的妈妈一直有这些困惑：这颗悬着的心究竟如何才能落下来？未来的生活还会发生什么样的变化？是否能够应付接下来要发生的问题？

这种对困难接踵而来的无奈，和对自己能力的深深怀疑困扰着睿睿的爸妈。从前孩子一犯错，他们会大声训斥孩子；现在他们已能够耐心倾听理解孩子，不说教、不指责地和孩子一起解决问题。夫妻俩为此付出了很大的努力，但孩子升入中学后问题依然在发生，他们对此深感无力。

想到以前睿睿一犯错爸妈就崩溃，和现在真的有很大不同。那时候，他们夫妻俩经常会陷入一个怪圈：刚严厉管教完孩子就后悔，心里想着要控制自己，但下一次情绪又爆发了。而现在，不管发生多大的事，他们都能先心平气和地接纳孩子的错误和失败，再一起想办法解决。不得不说，这夫妻俩真的付出很多。

随着父母的改变，睿睿的生活也发生了很大变化。首先，睿睿的人际关系、校园生活越来越融洽。他从一开始被贴上"注意力缺陷多动症"的标签，到现在结交朋友、考上重点中学，越来越适应中学生活的节奏，问题也变得越来越少。孩子的进步正是对家长前期辛苦付出的最大回报。

其次，睿睿在父母的帮助下一次次地解决困难，体验到家庭带来的支持与爱，以及解决问题的成就感与满足感。他在慢慢形成对自己能力的认识与信心，这种感受融入他体内。即便未来他会面对更多困难，曾经的这份成就感就是他克服这些困难的力量源泉。而这些能力的培养，就是在家长的支持下成就的。

再次，能力的培养是不断试错的过程。不断尝试，在错误中总结经验，再一次努力尝试，最终找到正确的做法。孩子练就一项能力的时间越久，那么他保持这项能力的时间就越久。睿睿现在适应新环境的时间越久，说明以后他的适应能力越强。

最后，在睿睿现在这个阶段来看，他反复出错，又能再次努力尝试，体现出坚韧不拔的毅力。而这种毅力，正是孩子从父母身上学到的。

教育之路好比一场马拉松赛，家长和孩子要随时看到自己的努力和取得的阶段性成果，为这场长程比赛加油打气，获得继续前行的动力和克服困难的勇气。赞赏是最好的打气方式，是当下睿睿的爸爸妈妈需要给自己的鼓励，也是需要给睿睿的鼓励。

我们该如何科学地赞赏孩子？接下来一一解答。

一、赞赏的意义

(一) 赞赏能够维护孩子的自尊心,帮助孩子发展自信心

心理学家罗森塔尔曾做过一个非常著名的实验,以验证赞赏的激励作用。罗森塔尔和研究人员来到一所小学,对 18 个班的学生进行了一次名为"未来发展趋势测验"的实验。孩子们参加了一项儿童能力测试,经过一番调查研究,他们把测试中显示有发展潜力的学生名单交给校长和老师,并再三叮嘱一定要对名单人员保密。出乎意料的是,8 个月以后,凡是上了名单的学生,个个在成绩上都取得了较大的进步,且性格活泼开朗、自信心强、求知欲旺盛,更乐于和别人打交道。

实际上,在这项实验中根本没有进行所谓的"儿童能力调查"。研究者只是在所有参与的孩子中随机选出了一部分孩子的名字,却告诉校长和老师这些孩子天赋异禀。其实这些孩子在实验进行之前和其他孩子一样并无不同,但是老师们以为他们潜力突出,就开始额外关注他们,并常对他们付出的努力进行肯定,同时也给他们更多的机会去付出。时间一长,这些原本普通的孩子就变成了真正的能力突出者。所以起到真正作用的并不只是他们的天赋,更是老师对他们的肯定和赞赏。

赞赏是对一个人的价值的肯定,而得到肯定评价的人往往也会怀着一种潜在的快乐心情满足他人对自己的期待。

赞赏的技巧就是在帮助孩子把自己看作是一个有价值的人,加强他的自尊和自信。心理学家纳撒尼尔·布兰登在他的《自尊心理学》中提到:"一个人对自己的评价,将直接影响到他的核心价值观以及是否有积极的心态,自我评价还会影响他的思维方式、情绪、希望以及人生目标。"

自信是指个体对自身成功应付特定情境的能力的估计,自信的基础是能力。能力是由不断试错发展出来的。经验有成功的,也有失败的。并不是只有成功的经验才能帮助人建立自信,失败的经验也凝聚着我们的智慧和能力,也是自信的最基本原动力。

自信建立的过程是:感觉→尝试→经验→能力→肯定 / 赞赏→自信→自爱→自

尊。人首先感到自己有智慧和能力，然后愿意尝试并获得经验，无论成功或是失败，最终都在过程中收获了能力。但是这种收获是需要他人给予肯定和赞赏的，这样从别人的角度证实了对自己成长变化的感知，我们才能自信，变得自爱，进而收获自尊。

赞赏是自信的核心，有能力不一定有自信，这其中还需要被肯定、被赞赏。比如，孩子对各科知识都能掌握得很好，可就是不自信，上课不愿意主动发言，考试紧张焦虑。这个时候就需要家长多肯定、多赞赏孩子，培养孩子对学习的美好感觉。

（二）赞赏能激发人的潜力

经常获得赞赏的孩子的自我感觉会更好，更乐于接受生活的挑战，也更愿意为自己树立较高的目标。

心理学家做了一个实验：两组学生进行跑步比赛。当他们都跑得筋疲力尽的时候，对跑得稍差一组的学生进行点名批评，对跑得较快一组的学生进行表扬和赞赏。之后再进行体能测验，结果受到批评那组的学生像泄了气的皮球，变得有气无力；而受到赞赏那组的学生，整体体能恢复较快，精气神十足，而且在新一轮体能测验中的成绩不比第一次差。可见，赞赏能够激发一个人的潜力、创造性与积极性。

二、家长也需要被肯定

孩子需要赞赏，家长更是这样。曾有一位母亲提到，比起在家陪孩子，她更愿意去上班。因为在上班过程中，就算什么都没有做，对自己的评价最低也只是零分。但是在带孩子的过程中，辛苦做到位是零分，稍微一个没注意就是扣分，最后一天辛辛苦苦下来，总是负分。这就说明在带孩子过程中，她的努力并没有得到肯定和赞赏，甚至还会落得一句"不就带个孩子么，有什么辛苦的"。

因此，即便是再爱孩子，家长也无法忍受这种总是得不到肯定和赞赏的状态。无论是孩子还是大人，每一个人的付出都需要被看到。

当我们想得到别人赞赏的时候，我们需要的不是一句"你真棒"。想象一下，你在家带孩子辛苦了一天，爱人回到家后，你跟他说自己多么不容易，他就是随便

回一句："嗯，你真棒！"此时你感受到的不是被肯定，而是被敷衍。但是爱人觉得自己都说了"你真棒"，可不就是在夸你么？

所以，真诚地赞赏一个人，并且让对方感受到你的肯定和欣赏，也是需要学习的。

三、真诚地赞赏孩子的 3 个技巧

一般情况下，敷衍的、不专注的、带有评论的赞赏都是无效的。我们可以通过以下几个例子来看一下。

【案例】

孩子："爸，我把房间收拾好了。"

爸爸："哦，真乖。"

孩子心想：我才不乖，我把所有东西都藏在衣柜里了，反正你也不会注意到。

孩子知道即便自己努力了，爸爸也不会关注，所以自己也会敷衍了事。

由于爸爸赞美的内容不具体，孩子会怀疑爸爸的赞美是否发自真心，所以通常最有效的方式是描述性的赞赏。

（一）描述你所看见的

描述你看到的，表达的是你对孩子所付出的努力的关注和肯定，让他感受到父母是知道并理解我的付出的。

【案例】

孩子："爸，我把房间收拾好了。"

爸爸："我看到你房间有了一些变化。玩具摆放变整齐了，地上的袜子也收起来了，垃圾也倒了。"

孩子心想：看，我的辛苦我爸都知道。

（二）描述你的感受

描述你的感受，就是在情感上和孩子建立连接，让他感到由于自己的努力给父母带来了更好的感受，这体现了他努力的价值。

【案例】

孩子："爸，我把房间收拾好了。"

爸爸："现在走进这个房间，我感觉很舒服。"

孩子心想：原来我可以把房间收拾得这么干净，真好。

（三）把孩子值得赞赏的行为总结为一个特质

用一个特质表达赞赏，其实是父母把孩子行为中积极部分总结出来，反馈给孩子，让他看到自己的优势。

【案例】

"你已经做了 1 个小时手工，到现在还这么认真，这就叫作'耐心'。"

"你说好 6 点回家写作业，现在刚好 6 点了，这叫作'守时'。"

"你看到有老奶奶进电梯，你能帮助她按电梯，这叫作'有爱心'。"

为什么描述会产生这么强的作用？家长对孩子细枝末节的行为的描述是为孩子赋能的过程，会不断增强他内在的力量。孩子发现他可以把杂乱的屋子整理干净，他能按电梯来为他人带来帮助，他能做到守时，他有控制自己的能力，他能帮妈妈分担家务，他会认为自己是一个很有价值的人。所有这些都会存储在他的内心，没有人能夺去。不论日后孩子面对的环境是褒扬他，还是批评他，他今天所获得的肯定、赞赏，在他心里是永远存在的。

所有这些经历，都可以在今后孩子受到挫折和困惑时给他安慰和鼓励，也都会成为他日后不断努力向前的基石。

四、总结与家庭作业

(一)总结

本节主要讨论了赞赏对于家长和孩子的重要意义，并教大家掌握真诚赞美孩子的方法。希望父母在真诚赞赏孩子的同时，也不要忘了肯定自己的努力，及时给自己真诚的赞赏。

(二)家庭作业

练习1：识别生活中的有益赞赏和无益赞赏。

1.情景：孩子将第一次做好的一件手工艺品拿给你看，希望得到你的赞赏。

（1）无益赞赏。

_____

（2）通过描述所看到的和感受到的来赞赏孩子。

_____

（3）孩子可能会怎么想？

_____

2.情景：孩子考试取得了进步，近期学习也很主动，晚间及时完成作业，主动复习。

（1）无益赞赏。

_____

（2）通过描述所看到的和感受到的来赞赏孩子。

_____

（3）孩子可能会怎么想？

_____

通过练习，思考孩子在听到"评价性"赞赏和"描述性"赞赏后的反应。

练习2：总结成一个特质来表达赞赏。

"你考试不及格，但是你能主动告诉妈妈，这说明你很（　　）。"

"你可以自己去坐校车上学、放学，这个行为就是（　　）。"

"妈妈生病时，你主动做家务，清理房间。这说明你很（　　）。"

分析：这些练习没有标准答案，主要是帮助家长学会真诚地赞赏，从而帮助孩子对自己的行为有更准确的认知。

扫描领取 配套课程

● 第五节
培养孩子的独立能力

要教育好孩子，就要不断提高教育技巧。要提高教育技巧，那么就需要家长付出个人的努力，不断进修。

——苏霍姆林斯基

培养孩子的独立能力，就是要帮助家长把肩上的孩子放下来，手拉手一起走，然后有一天放心地放手，让孩子展翅高飞。因此，本节内容的重点是放手，让孩子成为一个独立的个体，让他有一天离开我们的时候，能自己独当一面。

如何帮助孩子成为一个独立自强的人？让他做自己想做的事情，经历各种问题带来的心理冲突，在自己的错误中得到成长。这些大道理要实施起来并不容易，却是解决育儿路上各种"疑难杂症"的"灵丹妙药"，是真正让家长一劳永逸的核心策略。

一、独立性

独立性（又叫自主性）是指依靠自己的力量实现自己合理选择目标的愿望和能力，由自我依靠、自我主张、自我控制 3 个维度组成。

自我依靠：遇到事情，第一时间是想要自己去解决，而不是去依赖别人。

自我主张：通俗来讲就是凡事都有自己的主意和想法，而且不会轻易被别人影响。

自我控制：指的是为了能够实现自己的主张，能够控制自己的行为，使之向自己的想法靠近。

培养儿童的独立性有利于儿童责任感、自信心等品质的形成，更有利于儿童面对未来的挑战和压力。家庭作为儿童成长的第一环境，对儿童性格的塑造和发展具有深远的影响。因此，在家庭教育中培养儿童的独立性至关重要。

其实，孩子培养独立性的关键年龄在 3 ~ 6 岁。如果过了这个年龄阶段，孩子最基本的自理能力很弱，并且自我依靠、自我主张和自我控制能力也不强，那就说明这个孩子的家庭养育环境需要改变，父母在自己的心态和行动上需要做出很大的调整。

我们先来看看能够培养孩子独立性的家庭环境。

二、家庭环境对独立性的影响

一项关于独立性的心理学研究表明：家庭的亲密度、娱乐性和组织性对儿童的独立性有很大的影响。

（一）亲密度影响自我控制能力

亲密度指的是家庭成员之间的感情和尊重。我们在前面的内容设置了停止训斥、争执，看到孩子的优势，合理建立规则，管理自己的情绪等主题，都是为了帮助大家在家庭中建立良好的亲密度。研究表明，家庭的亲密度影响着孩子的自我控制能力。当家庭成员之间相亲相爱、彼此信任支持时，家庭的向心力和凝聚力更强，孩子在非常小的年纪就更愿意控制自己的行为来适应整个家庭，也会在家人的支持中汲取更多自我控制的力量。

（二）娱乐性影响自我依靠能力

娱乐性指的是家庭成员通过集体娱乐活动收获积极情绪，彰显了家庭欢乐气氛的重要性。在第一章第六节中提到的 30 年调查研究也显示，抚养出优秀孩子

的 7 个家庭其中一个相似的特点就是家庭的欢乐气氛。娱乐性会影响孩子的自我依靠能力。在娱乐性强的家庭中，成员之间的地位往往更加平等，因为他们的身份常转换成彼此的玩伴。因此在娱乐活动中，父母会给孩子更多的空间去寻找属于自己的快乐，而孩子们也更依赖自己的感受。

（三）组织性影响自我主张能力

家庭的组织性是指家庭中的边界感和规则意识。这种规则意识不只是针对孩子的，而且是需要每一个家庭成员都很有默契地去遵守的。一个家庭中有良好的边界感，孩子就有很强的安全感，他知道自己能做什么、不能做什么，就能在自己的边界之内获得最大限度的自由和权利，因此孩子的自我主张能力也能更好地培养起来。

三、父母能做的事情

除了家庭氛围的培养，我们还会给大家介绍一些在细节上可以注意的事情，帮助大家培养孩子的独立性。包括：让孩子自己做选择，尊重孩子的努力，不问太多问题，别急着告诉孩子答案，鼓励孩子自己找方法，不要否定孩子的梦想。

（一）让孩子自己做选择，别轻易说"不"

一个家庭中有良好的边界感，孩子就有很强的安全感，他知道自己能做什么、不能做什么。那么我们就可以在不侵犯边界的情况下，给孩子更多的自由和选择的权利。

比如让孩子选择要半杯牛奶或是一杯，让他选择自己要穿的衣服。对孩子来说，每个小小的选择都会让他有机会控制自己的生活。

此外，当我们在约束孩子的某个行为的时候，也可以用给孩子多一个选择的方式，使孩子感受到父母对他权利的尊重。试想一下，不管你是要求孩子无论有什么理由都必须现在练琴，还是给孩子选择，让他自己决定练琴的时间，其实都可以达到一样的目的，两者的不同在于后者是孩子自己的选择，具有更多的独立性，也表达了你对孩子的尊重。

（二）尊重孩子的努力

我们常常会认为我们让孩子做的事情都很简单。我们还会鼓励他们"试试看，很简单"。但这样就算他做成，也只是完成了一件"简单"的事，没有什么成就感；如果没做成，他会觉得自己连"简单"的事情都没做好，备受打击。

而我们认为的"简单"都是站在大人的角度来说的，但对一个孩子来说，可能要花费很多努力才能完成你所说的"简单"任务。所以我们尊重孩子的努力，就是要先站在孩子的角度看到这个任务的难易，理解孩子所面临的处境。这样如果成功，他会很自豪自己完成了一件难事；如果失败，至少他知道这件事情完成起来的确是比较困难的。

我们在前面的章节中也反复讲到，在养育孩子的过程中，要多看到他的付出，肯定他的努力。

（三）不问太多问题，不过多干涉孩子的生活

孩子稍微长大了一点之后，有段时间会出现行踪成谜的情况。你问他："你去哪儿了？"他回答："没去哪。"你问他："你干嘛呢？"他说："没干嘛。"孩子在没准备好怎么回答，或者不愿意回答的时候，就会这么回答你，这相当于他在给你信号：我长大了，你别管了，请你给我一些自由和隐私。

作为家长，尤其是觉得自己的孩子还没独立到能解决一切问题的家长，如果孩子不及时上报行踪，简直要抓狂。在这里，我们绝对不是主张不关心和放任孩子，而是指，如果你想要了解孩子的生活，其实有更好的沟通方法。比如我们之前就讲到的多倾听、少评价，在孩子愿意开金口跟你说话的时候，多听他说的，用"哦，是这样啊，你的想法是……这件事让你觉得……如果我是你，我也会这么想"等话语来回应孩子。需要再次注意的是，如果你想了解孩子的生活，你可以这样去沟通。如果你想给孩子建议，可以用在本章第三节里提到的克服困难法，找个专门的时间，站在合作的角度，用一起想办法解决问题的态度来对待。

（四）别急着告诉孩子答案

在小孩子的成长过程中，尤其是在孩子 4 岁的时候，他就已经开始爱问为什么

了。面对各种各样的为什么，父母常常也很紧张，担心自己的知识储备不够，不能回答上来，怕会很尴尬。

其实，这个年龄阶段的孩子的言语机制处于外部言语比内部言语发达的时期，他的思考能力正在发展。他说话的时候，就是他在思考的时候；他不说话的时候，要么是在发呆，要么是在感受。

所以，在孩子提问的时候，看似好像是在问你，其实更是在问自己。当他提出一个问题时，自己的小脑瓜就已经开始转动，他需要的是你关注到他的内心活动，然后带着他一起去探索答案，所以你根本不需要着急翻百科全书给予正确答案，只需要带着孩子一起去观察他感兴趣的事物。如果在这个过程中，孩子比你先找到答案，那么你带给他的就不仅是陪伴的快乐，更是属于他自己的小小的成就感。

（五）鼓励孩子自己找方法，尊重孩子的失败

鼓励孩子自己找方法，父母就需要学会示弱。孩子小的时候，我们可以在游戏中扮演需要帮助的人，让孩子帮助我们解决问题；等孩子长大一些后，可让孩子分担家务，只要给他分配任务就要完全信任他，接纳他做得不完美的结果。

如果孩子确实遇到难题，就结合刚才学过的方法，肯定任务的难度，肯定他的努力，告诉他父母的能力有限，鼓励他自己找方法，然后大家一起承担结果。

这一点的关键在于，父母要学会巧妙地示弱，但是不能让孩子感觉是对他的困难视而不见。并且，孩子初次尝试解决某个问题时，失败的概率很大，父母不仅要接纳孩子的失败，更要尊重孩子在失败的过程中得到的收获。

（六）不要否定孩子的梦想

生活的很多乐趣和希望都来自梦想、幻想、期待和计划。让孩子对实现梦想失望，也会让他失去实现梦想的人生经历。最近几年有些家长向咨询师求助，说孩子的梦想就是做网红，家长很崩溃。但越阻止孩子做直播，孩子的劲头越大，让他们操碎了心。

其实，我们首先不应该考虑自己对孩子的梦想是否赞同，而是要先了解孩子有这样的梦想，说明孩子内心的价值观是怎么样的，他内心渴望什么，他觉得自己有什么样的价值，他希望用什么样的方式来展现自己的价值。

否定他的梦想，孩子不会认为你是在说某种职业不靠谱，而是会觉得你是在否定他引以为傲的闪光点。

所以，我们要先了解孩子内心对自己的感受和评价，可以让他去试着看看这种方式能不能真正实现他的价值，然后积极地去寻找几种方式，让孩子选择尝试不同的实现方式。

四、总结与家庭作业

（一）总结

鼓励孩子独立的整个过程并不容易。我们理解了培养孩子独立能力的重要性，同时内心也充满了矛盾。

让孩子独立，然后父母就解放了，这听起来特别棒，然而帮助孩子学会独立的过程一点也不容易。

孩子独立能力不足，从表面上看，是我们做父母的自己要求效率、图省事的结果。举个最常见的例子，早上起床后大家都急着上班、上学，偏偏孩子磨磨蹭蹭，半天弄不好。父母送了孩子去学校后，自己也要赶着去上班，当然是怎么省事怎么来，于是便提前给他们收拾好书包，准备好要带的东西。但是这样日复一日，家长自己也会在手忙脚乱中出错，最后很多家庭出现了家长一边抱怨孩子自理能力太差，一边为孩子代劳的现象。

此外，孩子做事慢、总是犯错，父母看在眼里却比孩子还揪心，主要是担心孩子承受不了经常失败的打击，而且父母也觉得这不只是孩子自己的失败，更是家长的失败；大人孩子的压力都不小，遇到说句话提醒就可以让孩子避免做错事的时候，家长真的是忍不住当场就要给他建议。

而且，当孩子再也不需要依赖我们时，我们的见解对他们来说就已经过时。父母放弃体面插手，却换来孩子一句"你别添乱"，想到从前这个小生命那么需要我

们，一转眼就嫌我们烦，父母的心情一定会变得特别复杂。

鼓励孩子独立，是为我们把孩子从肩膀上放下来做准备。因此父母还是要努力学会放手。具体的步骤是：

首先，了解家庭环境对培养独立性的影响，要创造有亲密度、娱乐性和组织性的家庭氛围。然后，明确细节上要注意的事情，包括：

1. 让孩子自己做选择，别轻易说"不"。

2. 尊重孩子的努力。

3. 不问太多问题，不过多干涉孩子的生活。

4. 别急着告诉孩子答案。

5. 鼓励孩子自己找方法，尊重孩子的失败。

6. 不要否定孩子的梦想。

（二）家庭作业

在接下来的日子中，记录你为了培养孩子的独立性而做到的事情和遇到的困难，每做到一件，就给自己一个奖励。

1. 让孩子自己做选择，别轻易说"不"。

———————————————————————————————

2. 尊重孩子的努力。

———————————————————————————————

3. 不问太多问题，不过多干涉孩子的生活。

———————————————————————————————

4. 别急着告诉孩子答案。

———————————————————————————————

5. 鼓励孩子自己找方法，尊重孩子的失败。

———————————————————————————————

6. 不要否定孩子的梦想。

———————————————————————————————

● 第六节
养成习得性乐观，保持积极心态

没有人事先了解自己到底有多大的力量，直到他试过以后才知道。

——歌德

一路走来，不断学习，能够看到父母和孩子的变化，还有他们之间互动的变化。在这个良性循环互动过程中，父母和孩子之间的关系逐渐变得柔和起来，不再针锋相对、相互伤害，而是看到彼此的付出和感受，接纳彼此的种种。这个过程中有欢笑，有泪水，有挣扎，有痛苦。为了让这个良性循环变得更加稳固、更加顺畅，我们需要继续保持积极心态，笑对生活的酸甜苦辣。

一、变化

（一）家长在不知不觉中发生变化

当你阅读到本节时，作为家长，你已经了解到要关注自己的感受和情绪，掌握了调节情绪的方法，并开始重视孩子的感受和情绪。这样有利于家长及时发现孩子的内心需求、觉察孩子的困难、和孩子一起想办法度过困境。

在孩子解决问题的过程中，家长要鼓励孩子勇敢踏出第一步，并不断肯定、赞

赏孩子成功做到的部分。同时，当孩子遇到事情跟家长诉说时，家长也能做到先倾听，努力澄清孩子说的内容，并且不作任何评价，也不着急给孩子建议和意见。

当孩子遇到困难时，家长要用积极的归因风格去寻找原因和解决方法，进行客观归因，看到问题原因以及了解孩子当时所处的外部环境后，帮助孩子建立乐观心态，保持良好的抗挫力，增强孩子的自尊心和自信心。当孩子对成功进行内归因时，会把成功理解为自己努力的结果。家长需要看到孩子的努力和付出，并及时给予肯定。在孩子犯错时，帮助孩子总结错误，指出具体的失当行为，而不是认为孩子的个性本来就是这样的。

有意识地培养孩子的独立能力是一个很好的开始。在第三章中我们将主要讲解如何培养孩子在困境中的勇气、信心及解决问题的能力。在这之前，家长要先给孩子提供一个有爱、有边界、有自由的家庭氛围，为孩子独自面对生活打下良好基础。

（二）孩子的变化

家庭教养中父母任何一方的改变都会带动家庭的改变，更会带动家庭其他成员的变化。当家长发生上述变化时，孩子会有哪些变化呢？

当孩子发现家长能够倾听自己讲话，能够控制脾气不对自己吼叫，孩子也会控制自己的情绪，慢慢向家长敞开心扉，诉说自己的困扰。

当孩子的努力能够被家长看到并肯定时，孩子就能感受到家长和他是平等的，合作意识就会增强，也更愿意遵守规则。当孩子越来越多地得到父母的支持和帮助时，孩子也会越来越独立，更多地展示自己的优势和能力。孩子发生变化的过程就是习得的过程，他付出努力，也收获回报，这也不断增强了他的自尊。接下来，家长需要做的就是在强化环节强化孩子的自尊、强化他的努力、强化他的回报，让孩子感受到自己在进步、在改变、在成长。这个过程就是养成习得性乐观的过程。

二、习得性乐观

什么是习得性乐观？如何帮助孩子养成习得性乐观？

以孩子学习为例。当孩子长期坚持努力、认真学习也没能获得很好的成绩时，他就会产生不恰当的自我归因，会认为是自己的智力不够高，不够聪明，不适合学习。久而久之，这样的认知模式就会被发展到生活中，这种不合理认知就会得到强化。比如，默认自己的智力提升不上去，不适合学习，学习上也不会出彩；消磨自信心，不敢再去尝试，降低对自己的期待，甚至产生厌学情绪等等。孩子这样的发展模式在心理学上叫作"习得性无助"。

"习得性无助"这一概念是由前美国心理学会主席、积极心理学创始人马丁·塞利格曼教授提出的。他通过一个实验研究证明了"习得性无助"的形成过程。

该实验具体的过程是：把小狗放在笼子里并关上门，无论它用什么办法都无法逃脱牢笼，只要铃声一响就会遭到电击。小狗刚开始还会想各种办法逃脱，但是每次依旧会被电击。经过一段时间，小狗听到铃声后，便会趴在地上开始发抖呻吟。甚至是只听到铃声，没被电击，小狗也会发抖呻吟，以至于到最后把笼子门打开，小狗听到铃声后也会趴在笼子里发抖呻吟，并不会试图从开着的门中逃脱。这个过程，就是小狗的习得性无助发展的过程。

"习得性无助"指因为重复失败或惩罚而造成的听任摆布、不再寻求改变的行为。

不过，马丁·塞利格曼一生最卓著的贡献并非是发现了习得性无助的现象，而是提出了"习得性乐观"。他认为，如果无助感是可以习得的，那么幸福感也是可以通过习得强化的。

因此，他建立了积极心理学，这是一门采用科学原则和方法来研究如何获得幸福的课程。他也主张用习得性乐观来对抗习得性无助。

强化孩子的积极改变，就要运用习得性乐观的理论。孩子在努力的过程中积淀了自尊和自信，但这个时候他还不确定自己这样做是否真的合适，他需要外界的反馈。收到父母确定的反馈，孩子便会对自己的行为进行确认和认可。

强化孩子积极改变的方法就是在平时生活中把孩子的成长和变化总结并记录下来，及时反馈给孩子。当我们和孩子遇到困难时，也要坚持看到积极的可能性，寻

找多种解决方案，看到孩子身上的可能性，也帮助孩子看到全新的自己。

三、帮助孩子养成习得性乐观

（一）帮助孩子看到自己的进步

在日常生活中，细心观察孩子的变化，并将这些变化反馈给他。比如孩子的洋娃娃玩了两年，还保持得和刚买来时一样，这说明孩子在玩时一定很爱惜这个洋娃娃，玩的过程中也很小心，所以洋娃娃才能像刚买时一样新。这里就可以总结出孩子几点优秀的品质，如爱惜、自律、爱干净等。孩子可能不会自己意识到这些品质，而家长将这些品质告诉孩子，孩子就会知道原来自己的这些做法是因为自己拥有这些品质，无形中提升了对自己的积极评价。

再比如，孩子近期完成作业的时间提前了20分钟，这一点孩子自己可能会忽视。那么，家长就可以这样提示孩子："妈妈看到你最近都提前写完作业，看来你对这部分的知识点已经熟练掌握了。"孩子在得到这样的确认后，也会坚定自己对这部分知识的掌握程度，可以将注意力集中在其他知识点上。

（二）为孩子创建做事的空间

家长可以通过给孩子布置任务，为孩子创建做事的空间。当孩子投入到具体任务情境并表现出进步的时候，家长就可以借此机会赞赏和肯定孩子，予以正面反馈，强化他的自尊和自信。

比如在养宠物的家庭中，找一个合适的时间段让孩子负责照顾宠物的饮食："我和爸爸白天不在家，狗狗的餐食和饮水就交给你了。"给孩子帮助父母的机会，如"爸爸要给自行车打气，你找一找打气筒给爸爸拿过来吧""周末到奶奶家，帮奶奶做家务"。

（三）让孩子听到家长的正面反馈

生活中，家长彼此之间多交流孩子的积极变化，关注孩子的积极行为。同时，创造机会让孩子无意间听到家长之间的交流，听到家长对他的正面评价，但无须刻意表演给孩子看。让孩子无意中听到，意思是尽量不要当面评价孩子，哪怕是说优点。经常说的话，孩子会怀疑家长的目的到底是在表扬他，还是在要求他。

比如开完家长会，家里一定会交流家长会的内容，就可以安排时机让孩子有意无意听到你们的对话。

爸爸："今天老师在家长会上特意表扬了我们家孩子，说他每次做完游戏都能主动收拾活动道具。"

妈妈："是呀，咱孩子确实特别积极主动，昨天还帮我丢垃圾呢。"

爸爸："是嘛，孩子一点点大了，越来越懂事了。哦，对了，今天有几个家长也夸我们家宝贝了，说他性格活泼开朗，特别受人喜欢。"

(四) 让孩子记住第一次体验的时刻

第一次体验是一个很珍贵的时刻，也是遇到最大困难的时刻。帮助孩子记录下来，能够帮他在再次遇到挫折时，用曾经的成功经验来鼓励自己继续努力。

如第一次做蛋糕的时刻："你刚刚奶油涂抹得非常均匀，虽然前面几次有点不均匀，但是你非常耐心地克服了，越做越好了。花式造型也很逼真，真的很不错哦。"

又比如，孩子："今天体育课的活动竞赛上，老师说我协调性不好。"

爸爸："你小时候走路学得挺快的呢，比同龄的孩子都学得快。而且，你学骑自行车的时候学得也挺快的，骑得很平稳，这也是协调性好呀。可能某项体育科目是你不擅长的，但不一定是你的协调性不好，多练习这个科目，相信你一定能有所提升。"

孩子成长过程中，会经常面临自我怀疑、自我否定的时刻，也会随时面临他人的质疑与轻视。家长习得性乐观的态度是孩子自信成长的一剂强心针，以爱和理解为底色的教育，必将孕育逆境重生的复原力，给予孩子更强大的力量和勇气去面对成长中的荆棘。

习得性乐观并非要消除消极、盲目乐观，而是在人和事当中找到积极的一面，接纳消极的一面。以上所有这些都是为了让孩子养成习得性乐观，我们要相信：积极乐观的家长，才更有可能培养出积极乐观的孩子。

四、总结与家庭作业

（一）总结

"习得性无助"实验帮助我们认识到孩子消极行为的反应模式及建立过程。战胜习得性无助，需要我们帮助孩子养成习得性乐观，从而获得习得性幸福，创建美好未来。帮助孩子养成习得性乐观的方向，就是强化孩子对自己的积极期待，强化孩子的自尊和自信。方法可以参考以下 4 点：帮助孩子看到自己的进步，为孩子创建做事的空间，让孩子听到家长的正面反馈，让孩子记住第一次体验的时刻。方法简单，做起来却很有效。话不多说，让我们行动起来吧。

（二）家庭作业

在家庭生活中践行以下方法，帮助孩子养成习得性乐观。

1. 帮助孩子看到自己的进步，你的做法是什么？

_____

2. 为孩子创建做事的空间，你的做法是什么？

_____

3. 孩子这段时间听到你的正面反馈是什么？

_____

4. 近期，你计划做些什么来增加孩子的第一次体验？

_____

本章总结与作业

在本章中，随着孩子的进步，家长也从焦头烂额的状态中逐渐走出来，开始理智地思考如何培养孩子。家长学到了各种正向的养育方法，在精进方法的同时，也能了解到在育儿理念上可以做的调整。家长学习了如何用接纳代替怀疑，如何用合作代替争吵，如何用帮助代替惩罚，如何用真诚赞美代替敷衍了事，如何用鼓励独立代替包办代劳……同第一章一样，你也可以通过回答以下问题，去了解自己养育过程中的"道"与"术"。

养育之"道"

请你回答以下问题，以便更清晰地了解自己的养育理念。

1. 你更同意以下哪种做法？

A. 家长无论在工作上压力有多大，在家里都需要把最好的一面展现给孩子。

B. 家长要先照顾好自己的情绪，合理疏导自己的压力，必要时把自己的压力告诉孩子，取得孩子的理解。

2. 你更倾向于哪种想法？

A. 孩子屡次犯错，大多是故意挑战父母的底线，应该惩罚。

B. 孩子屡次犯错，可能是孩子需要父母的帮助，但是又不知道如何表达，可以倾听孩子的想法，和他共同找到解决办法。

3. 你更赞同哪种说法？

A. 不要经常对孩子表达赞赏，过多的赞赏会让他骄傲，不利于进步。

B. 要善于发现孩子的优点和进步，经常真诚地表达对孩子的赞赏，赞赏可以让孩子增加自信心，更敢于挑战。

4. 你觉得哪种想法更正确？

A. 为了锻炼孩子的独立性，家长应该减少对孩子表达爱，以免孩子太过依赖父母。

B. 家庭成员相亲相爱，互相表达爱意，相互支持鼓励，有助于孩子独立性的培养。

5. 你觉得哪个更重要？

A. 孩子能快速、准确地掌握知识。

B. 孩子能自己尝试，从失败中汲取经验，获取能力。

答案解析：

答案没有绝对的对错之分，但是我们认为每题的 B 选项是更优答案。

你可以从两个选项的对比中概括出本章倡导的养育理念——家长情绪稳定、家庭关系和谐，可以为孩子提供一个安全的环境；家长信任孩子的独立能力，用欣赏的眼光看待孩子，能够激发他们的潜能。

在回答完以上问题后，请你总结自己在养育理念上的进步，并和你的家人一起完成以下家庭作业：

回顾自己近一周的情绪变化，寻找自己最具"高情商"地对待孩子的时刻。请用画画的形式把当时的感受表达出来，与你的家人分享当时的体验。

养育之"术"

通过回答以下问题，你可以更清晰地了解自己的养育方法。

1. 你认为哪种做法更优？

A. 在孩子对自己表达感受和需求之前，猜测孩子的感受和需求，从自己的经验出发，积极帮助他寻找解决烦恼的方法。

B. 当孩子对自己表达感受和需求时，专注倾听、积极回应，并在理解孩子的基础上帮助孩子表达他的感受，提供选择，与孩子共同寻找解决烦恼的方法。

2. 你更赞同哪种做法？

A. 多发现孩子的问题并予以纠正，以帮助他取得更大成就。

B. 多发现孩子的进步并予以鼓励，以帮助他获取更大自信。

3. 你认为哪种赞美方式更好？

A. 宝贝你太棒啦！你是全世界最聪明的孩子！

B. 你能帮妈妈擦地，每个角落都擦得干干净净，你真是个细心的孩子，妈妈特别开心！

4. 你认为孩子更接受哪种方式？

A. 花很长时间给孩子讲道理，让孩子配合。

B. 对孩子讲述事实，阐明后果，用简单的词语回应，并用幽默的小技巧让孩子配合。

5. 你更倾向哪一种做法？

A. 为了让孩子学得更快更牢，家长要成为孩子的老师，多加指导，必要时代替孩子做决定。

B. 为了让孩子学得更快更牢，家长要成为孩子的榜样，少干涉多鼓励，给孩子独立解决问题的空间，并容许孩子的失败。

答案解析：

答案没有绝对的对错之分，但是我们认为每题的 B 选项是更优答案。

你可以从两个选项的对比中回顾在本章学习过的一些养育方法：在孩子遇到烦恼时更好的方法是倾听而非猜测，用具体的方式表扬孩子比敷衍孩子更有效；在让孩子配合时，一些简单的话语比啰唆更管用，家长的言传身教和鼓励独立更有助于孩子学得更快更牢。

请你总结自己在养育方法上的进步，和你的家人一起完成以下家庭作业：

根据孩子的年龄特点，寻找一件孩子即将独立去做，但是还未做的事，逐渐培养孩子独立做这件事的能力，适时对孩子的进步给予赞赏。（例如培养一年级小学生独立整理房间的能力。）

第三章

把孩子自己解决问题的机会还给他

【摘要】

孩子的成长过程也是社会化的过程，社会化主要有人际交往和解决问题两个方向。在本章中，家长通过培养孩子的同理心、让孩子理解自己和别人内在的需求和动机来提高孩子的人际交往能力。通过让孩子学习觉察自己、觉察他人、考虑后果和分步计划等，提高孩子的解决问题能力。最后，通过培养与强化孩子的情绪管理、换位思考、逻辑分析等多项能力，锻炼孩子解决问题的综合能力。

【学习目标】

1. 了解同理心的培养对孩子融入社交的重要性，帮助孩子学习如何去理解他人的情绪和动机，以构建和谐的人际关系。

2. 了解不同年龄段孩子的观点采择能力，帮助孩子察觉自己和他人的需求，培养孩子考虑后果和分步计划的能力，以寻找解决问题的最佳方案。

3. 通过学习 SODAS 解决问题法和在生活中练习召开有仪式感的家庭会议，培养孩子解决问题的综合能力。

◑ 第一节

提升孩子的社会能力——理解他人的感受

以爱己之心爱人，则尽仁。

——张载

众所周知，同理心是培育孩子情商的必备条件之一。同理心，或者说共情能力，是一个人所拥有的独一无二的、感受他人内心世界的能力。父母碰到孩子做某件事以自我为中心时，经常会对孩子说一个词——"换位思考"，因为大多数父母已经意识到了让孩子拥有换位思考能力的重要性。

其实，培养孩子换位思考就是在挖掘孩子的同理心。当一个人知道做出一件事后他人会有怎样的感受、会导致什么样的后果时，他才会做出正确的事。心理研究发现，有同理心的孩子不仅能够控制好自己的情绪，虚心接受父母的教导，而且还能够在校园里和其他同学打成一片，建立良好的人际关系。这样的话，父母再也不用担心"孩子不被喜欢""没有朋友""不会交往"之类的问题。

人是一种社会动物，不可能脱离群体关系而存在，对孩子来说更是如此。因此，培养社会交往能力是父母需要关注的重要问题之一，也是我们接下来要和家长探讨的重要内容。

一、同理心

同理心是一个心理学概念，是指能够设身处地对他人的情绪和情感进行知觉、把握与理解，即能够"将心比心""换位思考"。但对于孩子而言，要求他具备同理心也许有些困难。心理学家费什巴赫认为，产生同理心有 3 种必要的成分：

1. 区分与辨认他人情感状态的能力。

2. 假设对方观点和角色的能力。

3. 经验情绪和反应的情感能力。

这 3 种成分中，后两者无疑需要一定的认知能力和生活阅历。但第一种成分是所有家长现在都可以帮助孩子培养的。区分与辨认他人情感状态的能力，即理解他人感受的能力。

社会交往能力是一种复杂的能力，很难通过语言描述教给孩子，需要靠模仿学习才能获得，但是很多成年人、甚至孩子的父母也不擅长处理人际关系，就是因为在他们小的时候没有一个可以模仿学习的对象。因此，家长先要学习接纳和识别孩子的情绪，言传身教，让孩子学会识别自己的情绪，进而学会识别他人的情绪。

二、理解他人的情绪

生活中经常会有类似这样的场景：一个孩子喜欢某个玩具，就直接从别的小朋友那里抢了过来，结果把对方弄哭；即使这个孩子看到对方哭，自己却觉得不关自己的事，也不以为然。

这时，这个孩子也许会被父母批评不懂谦让，或者太自私，但其实孩子只是不能真正地理解"那个小朋友哭"背后的感受。

理解一个人的感受，听上去很简单，但它是一个很复杂的过程。

首先，需要辨别对方言语或行为表现背后的情绪，理解这种情绪到底是一种什么样的感觉，即能够与自己曾经的情绪体验进行类比，进而还要清楚是什么事造成

了这种感受。所以说，真正理解他人的情绪并不是明白如果发生这样的事情，我会有什么样的感受，而是明白如果发生这样的事情，他会有什么样的感受。

回到上面的例子，孩子首先要清楚对方哭的背后是难过，这种难过自己也体验过，而且是自己造成的这种难过。只有这 3 个方面都齐全，孩子才会觉得"我让一个人不高兴了"，这时才有可能培养孩子懂得分享、相互谦让、体谅他人的美好品质。

理解他人的感受，是孩子与他人交往、融入社会的一项重要的基础。接下来分享一个"五步法"，家长可以借助它来逐步进行觉察和训练，培养孩子"理解他人感受"的能力。之所以称之为"五步法"，是因为所完成的每一项都是下一项的基础，需要家长在与孩子相处时对他的情绪和感受有所觉察和行动。

三、培养孩子"理解他人感受"能力的"五步法"

（一）看到孩子的感受，增加被理解的经验

心理学家温尼科特曾经说过："孩子怎么知道什么是爱？母亲认为什么是爱，他便觉得什么是爱。"这句话揭示了一个很重要的道理：孩子如何对待他人，是从父母如何对待他的过程中学会的。因此，如果家长希望孩子能够理解他人的感受，第一步就是要让孩子拥有很多被理解的经验。就像家长想让孩子学会花钱，第一步肯定不是让孩子挣钱，而是要给他很多钱，之后才能有机会教他如何花钱；只有当孩子拥有足够多"被理解的财富"时，他才能试着将这些"财富"用到他人身上。

我们可以回想孩子还是婴儿的时候，他有任何的不舒服都只会用哭闹表达，而爸爸妈妈听到孩子哭闹，会一边温柔安抚，一边寻找根源，弄清孩子到底是饥饿还是不舒服。父母每一次成功找到原因并解决时，孩子都会有一种"我的感受被看到""我的需要被满足"的愉悦感。这种感受就是上面所提到的"财富"，而这个需要被理解、被满足的过程，我们称之为"随因沟通（互动）"，即随着孩子某种感受或某种需要信号的发出，家长去做各种尝试，接收孩子的这种感受，从而满足孩子需要的一种沟通互动过程。

随着年龄的增长，孩子"应该"或"不得不"做的事变得越来越多，例如"再慢吞吞的就会迟到""真的不能在泥里打滚"，或是"必须要去补习班"。当孩子因为这些事不停哭闹时，随因沟通似乎就变得更加困难。这个时候家长通常会把精力放在如何跟孩子解释"的确做不到"的理由上，但如果家长能够把多一些精力放在"我理解你的感受"上，也许会将一次"挫败的经验"变成一次"被理解的经验"。

【案例】

孩子上课快迟到了，却慢吞吞地走着，同时眼睛一直盯着路旁大屏幕里的卡通片，通常家长会有下面3种回应。

第一种：别看了，快点走，快迟到了！都这时候你还走神！

第二种：别看了，我们回来再看，回家也能看呢！咱们赶紧去上课，快迟到了。

第三种：这是你最爱看的《猫和老鼠》，这一集你好像没看过，汤姆猫每次都被那只老鼠戏弄得很惨，是不是？

第一种回应的目的是讲道理，并没有看到孩子。第二种回应看到了孩子，但是只是看到了孩子正在做的事，并非孩子的感受。第三种回应中，家长并没有提到让孩子快点走否则就会迟到的事情，但当家长看到了孩子的感受时，孩子自然也会将注意力放回到家长身上，这时再说什么都会事半功倍！

（二）引导孩子觉察他自己的情绪

家长经常会带着孩子观察外部世界。人来车往，白昼交替，四季变化……这些都是能用肉眼看到的，但同时家长也容易忽略让孩子觉察自己的内部世界，了解他自己的内心。

对于小孩子来说，他很难分清自己的情绪与感受，只是知道自己"不舒服"，他需要在一次又一次的和父母的互动中，了解自己的这份不舒服是"自责"还是"羞愧"，是"悲伤"还是"愤怒"。

很多小孩，甚至成人会把所有的"负面情绪"用愤怒表达出来，例如我们被批

评时起初是懊恼、羞愧，但之后就变成了对批评者的愤怒，这就是所谓的"恼羞成怒"。

所以我们常常会看到，有些孩子遇到他害怕的情景时，反而会变得具有攻击性。比如，有些孩子摔倒之后，反而会使劲用双脚踹地面，大发脾气。有些孩子看到自己的小伙伴跟其他小朋友玩，会气哄哄地走开。这些现象都是因为孩子没有区分清楚自己的真实感受。

因此，如果孩子遇到了一些不高兴的事，产生了一些不好的情绪，我们便要把握住这些契机，帮孩子分辨清楚"到底发生了什么"。

【案例】

咨询室里，孩子对咨询师说："他们不理我，所以我特别生气，把他们的东西打坏了！"

咨询师："嗯，我能看出来你一想起这事就特别生气。"（认可孩子的情绪）

孩子："对！"

咨询师："我猜，要是我遇到这种事，他们不跟我玩，我除了有点生气，还会有点难过，你呢？会不会也有点难过，因为你很想跟他们一块玩，对不对？"（试着理解孩子的感受，并帮他把感受解释清楚）

孩子："嗯，有点……"

类似这样的对话，完全可以是由妈妈或者爸爸来进行，只要家长多一些观察，发现孩子生气或其他不舒服背后的那些情绪，尽量用丰富的词语帮孩子表达出来，每一次解释都是帮孩子理解他自己的感受，同时，孩子掌握的与情绪相关的词汇越多，也就更容易表达出自己的情绪并理解他人的情绪。

（三）练习说出表情与情绪

这一步，父母可以通过和孩子一起玩耍来练习。

我们一般会通过脸部表情来解读每个人表达出来的情绪，开心会笑、伤心会流泪、生气会瞪眼、害羞会脸红，孩子也是如此，但家长要做的是让孩子看到其中的联系。这部分可以借由生活中的小事来练习。

例如，妈妈在打扫卫生的时候不小心撞到了桌角，妈妈做出一个哭泣或伤心的表情并跟孩子说："刚才妈妈撞到桌角，疼得眉头都皱起来了，所以现在有点想哭。"孩子就会理解，妈妈的哭是因为撞到了桌角，并且脸上的表情是眉头皱起来。当然，这是一种夸张的表现，目的就是为了让孩子能够关注到妈妈的表情，对表情和情绪的联系进行练习。

我们也可以通过专门的情绪相关游戏来训练孩子。例如，准备很多表情丰富的图片，随机抽取其中一张图片问孩子："你觉得他现在是什么情绪？"孩子也许会回答："害怕""生气"。这时家长不用在意对错，而是带着孩子一起模仿图片中的表情，看谁模仿得最像，这个时候再问孩子模仿这个表情的时候表达的是什么情绪。

通过这些练习和游戏，孩子的理解会更深一层，同时意识到当一个人摆出某种表情时，内心渐渐也会有类似的情绪产生，这样孩子自然会将表情和情绪联系起来。当然，情绪不仅仅会通过表情表达出来，还会借由肢体、音调等非言语的信息来表达。因此，家长也可以继续启发孩子："你觉得害怕的时候，嘴巴会怎么样？说话的声音会怎么样？"也可以让孩子自己说出他害怕或生气时还会有什么其他的表现。

（四）找到事件与感受之间的联系

经过以上3步，孩子已经能够区分自己的真实感受，并且理解别人的感受，但还差一步——知道对方发生了什么才会有这种感受，有了"事件与感受"之间的联系才能做到真正理解他人的感受。

继续之前的那个游戏，孩子模仿某个表情，猜出了对应的情绪，家长可以进一步问孩子："你猜，他发生了什么事会这么伤心？"这一步可以引导孩子尽量多说，家长也可以采取跟孩子用计分PK的方式进行。

【案例】

妈妈拿出一张小男孩哭泣的图片，问："你觉得这个小男孩遇到了什么事情，

所以他在哭？"

孩子："他的玩具丢了。"

妈妈："有这个可能，给你加一分，我也想想，他可能摔了一下，我也加一分。"

孩子："他没有冰激凌吃了！"

妈妈："是这样，给你加一分，现在我有点想不出来（装不知道）。这样吧，你如果想到你就先说，我给你计分，看咱俩谁说得多！"

孩子："可能他养的小宠物去世了！"

妈妈："确实，上次你养的宠物小鸡去世了，你伤心了好久。"

通过这样的引导式对话，孩子自然会慢慢在感受和事件之间建立恰当的联系。回到最开始提到的那个场景，孩子自然也会清楚：那个小朋友的玩具被拿走，因此他很伤心，所以他哭了。

（五）让孩子看到"他因我而不同"

这一步是一个升华，让孩子理解：我自己的行为会影响他人的感受。这一步才是让孩子去理解他人感受最根本的目的。如果孩子知道他人伤心，也知道为什么伤心，但是不知道"我需要为他的伤心负责"，那他理解他人感受这一行为便失去了意义。

还是回到最开始提到的那个案例看看。

【案例】

孩子拿了别人的玩具，对方在哭。

妈妈："我猜你特别喜欢这个玩具，所以你当时想都没想就去拿了，对吗？"（理解并解释感受和行为）

孩子："嗯，我喜欢这个玩具。"

妈妈："我发现那个小朋友好像哭了，他怎么了？"（表情与情绪的联系）

孩子："他伤心了。"

妈妈："你猜发生了什么事？"（事件与感受的联系）

孩子："我把他的玩具拿走了。"

妈妈："嗯，你喜欢这个玩具，但是你没征求他的同意就拿走了，所以他很伤心（指出孩子的行为会影响他人的情绪）。你打算怎么办（启发孩子弥补错误）？把东西还给他，跟他道歉，好不好？"

孩子："好的。"

（孩子回来后）妈妈："你知道么，妈妈看到你把人家的玩具直接抢过来，也会有些生气（指出孩子的行为也会影响家长的感受），但是现在你能去弥补自己的行为造成的过失，我看到对方也谅解你了，这就是知错能改，这是需要很大的勇气的，我为你的勇气感到骄傲。"（这就是肯定孩子付出的努力，看到孩子身上的资源和可塑性）

完成这一步最关键的，还是需要爸爸妈妈的参与。对小孩子来说，父母便是自己的全部，如果爸妈生气，孩子一定会觉得是自己不好。因此，很多教育理论提倡父母不要轻易对孩子发脾气，要温柔对待他们。这本来没有什么问题，但是温柔并不代表没有情绪，父母依旧要对孩子的表现有情绪上的回应。如果他做错了，父母要表达出自己的情绪，但并非发泄情绪。

表达情绪是："你看着我，看看妈妈的表情，妈妈现在有点生气！"

发泄情绪是："你怎么能这样，跟你讲了多少遍了！你怎么就是不听！"这是父母生气后对孩子的训斥以及抱怨。

当然，如果孩子表现得好，父母更需要夸张地表达出自己的情绪，因为孩子除了知道"什么不能做"，更需要了解"我能做什么"。

能力的培养，永远都是在一次次的练习和经历中进行的。孩子的成长也不会是一帆风顺的，可能经常是走两步、退一步的状态。但请父母相信，我们的每一次付出都是在为孩子内心的那颗种子施肥、浇水，让它慢慢长成一棵参天大树。

四、总结与家庭作业

(一)总结

帮助孩子理解别人的感受，是获得同理心的过程。培养孩子的同理心需要 5 个步骤，包括：看到孩子的感受，增加被理解的经验；引导孩子觉察他自己的情绪；练习说出表情与情绪；找到事件与感受之间的联系；让孩子看到"他因我而不同"。

本节的重点要放在培养孩子的能力上，作为家长需要经常和孩子做练习，让孩子识别自己和他人的情绪，引导孩子觉察自我的内心感受。这样才能在与人交往的过程中及时感受和理解他人的情绪，建立良好的人际关系。

(二)家庭作业

思考一件孩子和其他小朋友发生矛盾的事情。

1. 具体事件。

_____

2. 培养孩子理解他人感受"五步法"。

第一步：看到孩子的感受，增加被理解的经验，家长要怎么做？

_____

第二步：引导孩子觉察他自己的情绪，孩子的情绪是什么？

_____

第三步：说出表情与情绪，孩子和对方的表情各是什么？

_____

第四步：找到事件与感受之间的联系，对方的感受是什么？

_____

第五步：让孩子看到"他因我而不同"，是否因为孩子的关系导致对方的情绪，家长认为要如何处理？

_____

● 第二节

读懂他人的动机

每件促使我们注意到他人的事，都能使我们更好地理解自己。

——卡尔·荣格

前面我们学习了父母要帮助孩子读懂他人的情绪，可能有的父母会觉得，读懂情绪就是察言观色，还会担心如果教自己的孩子学会看别人的脸色后去附和别人，这样会不会让孩子失去自我。其实，如果只是去看别人的脸色而不照顾自己的感受，正是低情商的表现，反而更应该去学习如何感知、调节和管理情绪，并让情绪为人们服务。

本节内容，是在学习读懂他人的情绪的基础之上，理解他人的动机，构建和谐的人际关系。

一、和谐的人际关系

哈佛大学的罗森塔尔教授是专注于研究建立和谐人际关系的学者。他发现，和谐的人际关系必须具备 3 个因素：彼此的关注、共同的积极情绪、一致性或同步性。

（一）彼此的关注

彼此的关注是第一个基本要素。当两个人的注意力都能集中在对方的语言和行为上时，说明他们产生了共同的兴趣，从而达到知觉一致。这种双向的注意力是产生共同情感的前提。保持和谐人际关系的很重要的品质就是具有同理心，也就是交流双方能够体会彼此的感受。彼此关注的表现，就是能够全神贯注地听对方诉说，能理解对方表达出来的情绪，也能领会隐藏在情绪、行为背后的动机。

（二）共同的积极情绪

第二个要素是共同的积极情绪，具体指的是交流过程中的人们感觉彼此都非常积极热情。这种积极热情不是用口头语言表达的，而是主要通过身体语言传达出来的信号，比如人的肢体动作、表情和语调。想象一下，当你和一个人说话的时候，对方会有两种反应，一种是专注地看着你，并且及时地回应，甚至给你传达一些积极的反馈；另一种反应是对方的眼睛总四处乱转或看着别处，回应的话语只有"好""是""知道了"。毫无疑问，第一种反应方式令你感觉更好，并且对这个人的评价更高，因为你收获到他对你积极的关注和积极的反馈；甚至是在被批评的情况下，如果能接收到积极情绪，被批评的人也能心悦诚服。

在一项心理学实验中，心理学家让被试者完成一项高难度任务，然后把他们分为两组去接受批评。第一组的管理人员刻板严厉地批评了被试者，而第二组的管理人员虽然直言不讳地批评了被试者，但是运用了热情而积极的表情、语气和动作。在之后的访问调查中，虽然同样是受到了批评，但第二组的被试者仍然觉得整个交流过程非常愉快。

（三）一致性或同步性

一致性指的是在交流过程中，不自觉、不加控制地与对方的情绪、表情甚至是动作保持一致。双方下意识的动作和习惯越是一致，交流的效果就会越好，他们彼此的印象也会越好。如果缺乏一致性，那么交往中的人们就会感觉不舒服，可能会出现不合时宜的回答或者尴尬的冷场。

这种不自觉的一致是镜像神经元在起作用。它使人们能通过关注就能与别人有相同的情绪感受，甚至做出相同的动作。比如，你在楼道里刚一转弯，迎面就遇见一个人对你满面笑容地擦身而过，这时你还来不及思考，甚至来不及感受，但是你的嘴角已经很不自觉地向上扬起，冲他微笑。这种单纯模仿反应，就是镜像神经元在起作用。

一定要指出的是，这里的保持一致现象绝对是不自觉的。如果总是故意去模仿对方，那么很可能招致对方的讨厌。

关注情绪和动机，传达积极情绪以及不自觉地与对方保持一致，这3点之间的关系是层层递进的。首先得要能懂得对方的情绪和动机，才能判断是否与自己一致，或者我们说"有缘分""确认过眼神""是志同道合的人"，才能进一步传达出积极情绪。彼此相互想要更进一步地交流，镜像神经元互动频繁，就使得两个人的步调看起来一致。

所以，要想让孩子拥有和谐的人际关系，首先就要让他在与人交流的过程中学会真诚地关注他人，理解对方的情绪和领会对方深层次的动机。这一步是最基础的，也是父母能帮助孩子的。

接下来，我们来学习如何培养孩子读懂他人动机的能力。

二、动机

动机指的是激发和维持人们的行动，并将使行动导向某一目标的心理倾向或内部驱力。简单来讲，动机就是一个人做一件事或一个行为的"出发点"，当然也可以理解为意图。教孩子明白对方的意图，才能真正地帮孩子收获到更好的人际关系。

（一）读懂动机的意义

相信很多家长都遇到过这样一个情景：两个孩子在一起玩，尤其是男孩子，经常会玩一些打闹性质的游戏，你用手捅他一下，他用手捅你一下……逗着逗着，两人越来越用力，便打了起来。原本的"游戏"变成了"战争"，这种情景在孩子，甚至是青少年中都很常见，但为什么成年人之间很少发生类似的事呢？答案很简单，

作为成年人，当我们开始感觉到对方"玩闹"得过分的时候，会很快意识到对方"并不一定是有意"的，于是并不会用"反击"来回应；而对于小孩子来说，我"被打了"后会很生气，于是反击。在这个链条的反应中，孩子并没有对对方动机进行分辨。"我并不思考你是否是善意的，只要不舒服就回应"，这是小孩子的状态，但在真正的社会交往中，读懂动机才是"成熟"的重要表现，也是孩子未来收获更好的人际互动的一剂良药。

（二）读懂动机，先要明白需要

一个人的动机是在需要的基础上产生的。当人的某种需要没有得到满足时，它会推动人去寻找满足需要的对象，从而产生活动的动机。我们可以通过一个人的情绪，去得知他的需要有没有被满足。同时，当我们去寻找一个人做一件事情的动机时，可以先想一想，通过这么做他能满足自己什么样的需要。

（三）从情绪看到需要是否被满足

人的需要得到满足时的情绪：兴奋、喜悦、欣喜、甜蜜、精力充沛、兴高采烈、感激、感动、乐观、自信、振作、振奋、开心、高兴、快乐、愉快、幸福、陶醉、满足、欣慰、心旷神怡、喜出望外、平静、自在、舒适、放松、踏实、安全、温暖、放心、无忧无虑。

下列词语可用来表达我们的需要没有得到满足时的感受：害怕、担心、焦虑、忧虑、着急、紧张、心神不宁、心烦意乱、忧伤、沮丧、灰心、气馁、泄气、绝望、伤感、凄凉、悲伤、恼怒、愤怒、烦恼、苦恼、生气、厌烦、不满、不快、不耐烦、不高兴、震惊、失望、困惑、茫然、寂寞、孤独、郁闷、难过、悲观、沉重、麻木、精疲力尽、萎靡不振、疲惫不堪、昏昏欲睡。

三、理解动机的过程

【案例】

睿睿放学回到家里，自己一个人闷闷不乐，关上房门就不出来了，爸爸妈妈也叫不开门，很着急，问了他半天，才说是和同学闹矛盾了。

孩子遇到困难、矛盾和冲突时，总是不擅长向父母诉说的。父母往往看在眼里，却不知道发生了什么，不知道怎样帮助孩子解决困境。

（一）接纳孩子的情绪

孩子在交朋友时遇到了困难，他的心里一定是不好受的，有生气和委屈，也有担心和忧虑，更有郁闷和忿恨。这么多的情绪堵在心里，他是无法去判断和解决问题的。所以父母首先需要做的是接纳他的情绪。那该如何接纳孩子的情绪？倾听与简单回应，表达你与他的共情。

【案例】

爸爸："孩子，你看起来不高兴。"

睿睿："我和同学吵架了。"

爸爸："哦，吵架了？"

睿睿："哎，我烦着呢。"

爸爸："这事是挺烦的。"

睿睿："哎，就是……"（孩子沉默，家长不语）

睿睿："他说他不喜欢跑步，下午体育课又得跑，他腿疼。我说我也不喜欢跑，太累了。他就说'我是腿真疼，但你是真胖，咱俩不能同日而语'。我听了这话本来没想跟他吵架的，但不知道怎么说着说着就吵起来了，他后来声音可大了，还骂我来着，同学们都看着我。哎，真郁闷。"

爸爸："是挺郁闷的。"

睿睿："哎，对啊，我特别生气，他骂我死胖子，有的同学也学着他骂我，哎呀，太讨厌了，那么多人看着……"

爸爸专注地陪着睿睿，点头不评价，最多就是回应"嗯嗯""哎呀""是啊"，

让孩子慢慢发泄情绪，直到感觉到孩子慢慢平静下来了为止。可能孩子说着说着还有反复，又激动起来了，那就继续这个过程，直到他真的彻底平静下来了。

（二）收集信息

在孩子慢慢恢复平静的过程中，他就会跟你诉说很多信息。这时我们可以边听边总结归类信息，大致包括以下 3 个方面。

1. 客观信息

在什么场合、什么样的时机，遇到了什么事，在这种情况下的行为标准是什么。

2. 主观信息

他的表情是怎么样的，语音、语调、语气是怎么样的，他的动作是什么样的。

这里要注意的是，客观和主观的信息都是围绕着对方来说的，即对方在一个什么样的时机场合下，遇到了什么事、心理发生了什么变化、产生了什么情绪、做了什么动作等。

3. 对方行为的频率

在解读的过程中，我们还要帮助孩子区分对方行为的频率。分析一下是惯性行为——他总是这么做，还是临时性行为——只有某一两次这么做。

如果只有某一两次出现这种行为，就可以多关注对方遇到的事情和所处的环境方面的信息。如果一个人总是出现这种行为，就要多关注这个人的性格类型和成长环境方面的信息。

但是在收集信息的过程中，要注意尊重、接纳孩子的情绪，只是描述事实，避免去评价和指责孩子。

【案例解析】

睿睿："我都不想去上学了，一想到要见到他，我就特别烦，但是我也不想吵架。"

爸爸："听起来你们是课间休息的时候在教室里吵的架。"（寻找客观线索：时间，地点）

睿睿："对，中午午休的时候。"

爸爸："那时教室里正是人多嘈杂的时候，大家上了半天课挺累的，也正是放松的时候。"（在这种情景下人的行为标准）

睿睿："对，我们都在聊天呢。"

爸爸："这时候谁说话稍微大声点，所有人都听到了，所以他突然大声说你是真胖，你肯定特别尴尬、羞愧和生气。"（肯定孩子的情绪合理性）

睿睿："对啊，他就突然那么大声说我。"

爸爸："这时候本来是讨论下午跑步的事，发生了什么事？他为什么突然这么说你？"（继续探索客观事实）

睿睿："我不知道。"（遇到阻力——孩子不愿意说的部分，就先不继续收集客观信息，转而收集主观信息）

爸爸："他总是当你面说这种话吗？"（惯性行为，多注意孩子性格或两人关系的信息；临时性行为，注意孩子遇到的事情的信息）

睿睿："那倒不是，我们平时关系还是挺好的。"（临时性行为）

爸爸："对啊，听你说过你们一起玩得挺开心的。"

睿睿："嗯，他之前还帮过我，当然我也帮过他。"

爸爸："当时他这么说你的时候，他脸上的表情是怎么样的？"（收集客观原因）

睿睿："我想想，他的脸红红的，我觉得他生气了。"

爸爸："很奇怪，你们不是正在聊天吗？他为什么会突然生气了呢？"

睿睿："因为……因为我说他是为了不想跑步而装病。所以，可能他就生气了。"

爸爸："哦，他听到别人说他为了逃避跑步而装病，他心里会很生气。你觉得他还可能有什么样的感受？"（不急着给孩子讲道理，继续收集信息，同时帮助孩子练习同理心）

睿睿："我不知道。"（因为内疚而生气，不想继续探索）

爸爸："嗯……"（静静等孩子一会儿，微笑着关注他，给他点时间、空间）

睿睿："我觉得他也会尴尬和委屈。"

爸爸："我现在内心非常激动和骄傲，因为你能站在别人的角度去考虑别人的感受，这件事并不容易，但是你努力做到了。"（找到孩子付出的努力与优点，进行肯定）

睿睿：……（不好意思的沉默）"其实我说他，是因为我自己也想过装病不跑步，但是我不敢，我以为他敢呢。"（这就是孩子内心的投射，并非是孩子有恶意）

爸爸："哦，我明白了，其实你是激动地发现了一件你想做而不敢做的事，你想去证实一下是不是他敢做。"（在问题中找到孩子身上的资源，把尊严还给孩子）

睿睿："对对，我本意不是要故意伤害他。"

爸爸："真是一个太巧合的误会了。"（做一个总结，把重点放回信息的收集上）"好，我们现在收集了很多信息呢。客观信息有：在人很多的休息时间、你们正在聊天放松、突然你说他装病、他说你胖、两人就吵起来了。主观信息有：他看起来脸红红的、他的声音突然变得很大。"

睿睿："对，对，就是这样。"

（三）解读信息

1. 他的这种表情和动作表达了他怎么样的心情？

2. 这么做说明了他有哪些需要？

3. 事件是否与他的需要匹配？

4. 同理心：如果是我，我会有什么样的感受？

5. 我有了这种感受，我会怎么做？有几种方法？

让我们继续看下面的案例。

【案例】

爸爸："现在我们俩来玩一个游戏，导演一个侦探解密的视频片段，我们仔细观察收集到的这些信息，看看事情的真相是什么。"

睿睿："好的。"

爸爸："事情发生的时间地点是什么？主人公是谁？你们俩在干什么？其他同学都在做什么？"

睿睿："中午休息的教室里，所有人在一起聊天放松，主人公是我和我的朋友，我们在聊下午都不想跑步，他说到他的腿疼，我说你是不是装的。"

爸爸："好的，镜头拉近，此刻，他的表情和动作是怎么样的？"

睿睿："他顿时僵在了那里，脸上瞬间红了，他沉默了一会儿。"

爸爸："你觉得他心里有什么感受？"

睿睿："他觉得委屈、尴尬、生气。他心想：'你怎么能这么想我？'"

爸爸："然后他做了什么？"

睿睿："他说：'我是腿真疼，但你是真胖。'"（解析对方的表情和行为）

爸爸："他这么说，说明他遇到了什么事情，需要什么呢？"（引导孩子理解对方行为背后的需要）

睿睿："他腿疼了，需要休息，他怕老师误解他，需要被理解。"

爸爸："那他听到'装病'，有什么感受？能否满足他的需求？"（探讨事件是否与他的需要相匹配）

睿睿："他被冤枉了。他心里会委屈、生气，有点恨。"

爸爸："他心里有这种感受，会怎么样做呢？"

睿睿："会报复我，说我胖。"

爸爸："如果你是他，你遇到这种事，你心里会有什么感受呢？"（同理心：如果是我，我会有什么样的感受）

睿睿："我就是遇到了，他说我是真胖，我特别生气。别人也一起说我，我特别委屈、难受。"

爸爸："那你这么难受，会想做什么？"（你有了这种感受，你会怎么做）

睿睿："我生气，我也报复他，骂他。"

爸爸："然后他有什么感受，会怎么做？"

睿睿："他被骂了，他也会更加生气，骂我死胖子。"

爸爸："听起来，你们俩是因为一样的原因一样地生气，并且陷入了一个奇怪的恶性循环里。每个人都生气，都觉得是对方的错。"（这时家长没有评价孩子，而是继续分析客观事实）

睿睿："对……其实我觉得一开始是我的错，但是现在我也特别难受、特别生气。我不想和他道歉，我也不知道该怎么办。"

爸爸："我明白了，睿睿，你今天做得已经非常棒了，可以了，我们先来总结一下。

"首先，你在自己都被骂了的情况下，还能耐心地、冷静地、理智地探讨这件事情。你付出了很多努力，这非常不错。

"其次，你不仅能够看到自己的感受，还能看到伤害你的人的感受。这一点叫大度。

"然后，你能领悟到他做这件事的动机是他不被理解。这一点叫有洞察力。

"最后，你能说出一开始是你自己的错，这是在接纳自己的过失。这说明你有勇气，更有智慧。

"我们今天有了这么多收获，已经很不错了，接下来我们需要想想怎么解决这件事。咱们先都不要着急，先休息一下，想一想，以后再找机会一起商量看看。"

爸爸最后的总结，肯定了孩子的努力，强化了孩子的成长，更塑造了孩子的尊严。同时，我们可以看到在这个过程中，爸爸结合了之前章节中强调和提出的很多方法，如让父母自己先平静下来，接纳孩子的情绪，不评价、不指责，不断地肯定孩子的付出，科学地赞美孩子，给孩子试错的机会，放手培养孩子独立解决问题的能力等。

讲了这么多，可能有些家长觉得这个例子太过理想化，自己的孩子做不到。其实，大家不必按这个例子去要求孩子，因为以上这个例子也是将家长和孩子几天的沟通合并在了一起的，同时，家长的态度和使用的方法也是经过多次准备和练习的。

（四）保持家长的态度

从爸爸和睿睿的对话中，我们可以分析一下：爸爸对待这件事的态度是怎样的？

1. 用澄清代替评判

首先，了解孩子发生了什么，不着急下判断，便于了解事情的全貌。

2. 用好奇代替解释

好奇孩子的感受，想知道孩子内心的想法。卡在哪个点，就把那个点拽出来。了解他的需求，而不是急着解释孩子是怎么想的。

3. 用"可能性"代替"事实"

孩子有他自己的解读，我们承认有这种可能性，不执着于追求唯一的事实真相。

（五）保持日常的练习活动

我们在生活中，也可以多和孩子一起进行一些活动，去练习观察人的面部表情、肢体语言，去试着猜测他内心的需要和动机，以及他下一步将采取的行动。幼儿园阶段的孩子可以通过读绘本来进行练习，小学阶段的孩子可以在看电影时把声音关掉，然后观察人物的表情、动作。当然，我们也可以借助一些帮助提升情商的儿童读物，更多地练习掌握这项能力。同时，也可以多玩上述这种侦探解密的游戏，去逐步收集信息，解读人的情绪和动机。

四、总结与家庭作业

（一）总结

家长帮助孩子解读动机的重要意义是促使孩子拥有和谐的人际关系，解读动机需要5步：接纳孩子的情绪；收集信息；解读信息；保持家长的态度；保持日常的练习活动。

（二）家庭作业

提前计划一个帮助孩子提升情商的活动，比如计划一次侦探游戏，或者带孩子看一部无声电影，解读电影里人物的情绪和动机。

这个活动需要详细的思考，多准备几种不同的方案，每一个步骤的设计需要多计划、多练习。希望大家能把这项活动变成家庭中固定的亲子互动项目，在长期的练习中慢慢提升孩子的情商。

针对某一个电影片段进行分析：

1. 影片呈现的客观信息。

_____

2. 影片呈现的主观信息。

_____

3. 影片某一个人物行为的频率。

_____

4. 人物的这种表情和动作表达了他怎么样的心情。

_____

5. 这么做说明了该人物有哪些需要。

_____

6. 事件是否与该人物的需要匹配。

_____

7. 同理心：如果是我，我会有什么样的感受？

_____

8. 我有了这种感受，我会怎么做？有几种方法？

_____

扫描领取 配套课程

● 第三节

教你培养孩子解决问题的能力

爱孩子这是母鸡也会做的事。可是，要善于教育他们，这就是国家的一件大事了，这需要才能和渊博的生活知识。

——高尔基

在上一节，我们分享了家长如何帮助孩子提升解读他人动机的能力，进而促进和谐人际关系。在本节，我们将分享家长如何通过积极引导和启发孩子，促使孩子产生更多解决问题的发散思维，提升孩子解决问题的能力。

一、儿童解决问题理论

可能很多家长觉得孩子的个人能力不足，还不能靠自己解决问题，要等到他成年之后才能做到。真的是这样吗？解决问题能力具体指的是什么呢？

解决问题是人类思维活动最基本的形式。发展心理学研究表明，3个月的婴儿就已经具备了解决问题的能力，他们在这个时候已经掌握了启发式搜索策略；12个月的婴儿就已经能利用工具来解决问题；到了小学时期的孩子，随着他们解决问题能力的逐渐增长，解决问题的方法也逐渐增多。心理学研究表明，小学时期

的儿童会使用更高级的解决问题的方法，随着他们思维的灵活性不断提高，考虑问题也在逐步周全。从婴儿期发展到小学时期，孩子的思维在逐步发展并日益完善，从最开始只能在直接观察事物的基础上进行简单的分析、综合、比较等，发展到能结合自己已有经验，运用理性的思维过程，更加全面和深入地考虑问题。

解决问题的思维一直贯穿于我们孩子成长的过程中，但是很多家长总以为自己的孩子还小，不具备解决问题的思维和能力，便习惯性地在孩子成长期间帮助其解决问题。这样不仅不利于锻炼孩子独立思考的能力，而且还会让孩子养成对家长的依赖心理，一旦碰到问题就会习惯性地向家长求助，造成孩子解决问题能力的退化。因此，作为家长要善于启发孩子尝试自己解决问题，善于激发孩子解决问题的思维，培养其解决问题的能力。

二、理论与现实结合：解决问题的思维对于孩子的意义

现在我们知道了解决问题思维是每个孩子都拥有的，那么这种解决问题的思维除了能够提高孩子独立思考的能力和解决问题能力之外，对孩子还有什么意义呢？下面我们将带大家从两个方面来看解决问题思维的作用。

（一）减少逆反行为

一个能够运用解决问题思维来解决问题的孩子，他能够看到问题之间的因果联系，会不断地进行头脑风暴，能够站在对方的角度来思考问题。与那些遇到问题变得冲动、不知所措的孩子相比，能运用解决问题思维的孩子在面对困难和问题的时候，会尝试用多种方法去努力解决问题，而不是靠某种单一刻板或影响很不好的方式来解决问题，比如通过大喊大叫、发脾气、哭闹来解决问题。运用解决问题思维的孩子会在日常生活中多思考，这能够帮助他控制不良行为。尤其是在上学阶段，他能够更好地处理人际关系，减少因人际关系问题而发生的冲突行为。

（二）增加成就感和自我价值感

当孩子发现自己可以解决问题，而且这种成功是在没有父母帮助的情况下达到

的，他会体验到更多的成就感而增加自信，会感觉自己是有能力的，是可以独立面对问题、克服困难的。这样不仅能够让孩子增强自尊，也会让孩子产生自我价值感，从而增加内部动力。以后当孩子面对问题的时候，他会有更多勇气直视困境、激发自己，产生更多解决问题思维和创造思维，在成长的过程中一步一步向前摸索。

三、家长的心态要如何转变

（一）认可孩子

孩子眼中的世界和我们的是不同的，他解决问题的思维有时会让我们感觉不符合常理，但是我们要学会用肯定的眼光看待他。孩子针对某个问题提出自己的解决方法之后，不论是什么方法和意见，父母要在第一时间给予孩子认可，不要评价孩子，不要贬低和质疑孩子的方法。因为孩子的自尊心很强，如果你直接否定他给出的答案，就会让他感觉自己解决问题是失败的，这会动摇孩子的信心，慢慢就会让他失去解决问题的动力。父母可以在认可之后，尝试让孩子想出更多的解决办法，保持孩子的连贯性思维，比如对孩子说："这是第一个办法，我们可以试着想一想，是不是还有更多的方法呢？"

（二）启发和鼓励孩子

我们学会认可我们的孩子之后，该怎么做才能够鼓励和启发我们的孩子产生更多解决问题的发散思维呢？

第一个方法是我们可以尝试设定一系列的问题来引导孩子去解决问题。我们要善于做笨爸爸或笨妈妈，当孩子遇到问题向我们求助的时候，我们可以对孩子说："妈妈／爸爸好像也不太明白，你看你有什么方法可以帮助自己和我吗？"我们要善于启发孩子去思考问题的答案，而不是直接告诉孩子应该怎么做，不要替孩子解决问题，要鼓励孩子自己产生更多的想法。

第二个方法是我们可以用游戏启发孩子的解决问题思维。游戏是儿童的主导活动，也是我们可以用来教育孩子的方法。游戏可以帮助孩子摆脱自我中心化。自我

中心化就是只站在自己的角度考虑问题。学会理解他人的想法和情感，是发展儿童合作能力和社会能力的基础。

比如，我们可以跟孩子玩一些发散思维的小游戏，让他们说一说一块砖头都有哪些作用，他们可能会对我们说"砖头可以防身，砖头可以盖房子，砖头还可以砸核桃"等。然后我们可以要求孩子说出 3 个用途，如果想出来更多的答案，可以获得奖励。或者我们可以带孩子玩角色扮演的游戏，家长和孩子互换身份，让孩子帮我们解决如"不想去幼儿园该怎么办"等问题。

（三）有耐心，不大吼大叫

孩子产生解决问题的思维并做出行动之后，我们需要注意的是要有耐心。比如看到孩子在组装一个模型，当孩子还在思考下一步怎么做的时候，有些急躁的家长可能就会直接拿过模型来帮助孩子组装了。孩子做事慢一点、思考慢一些都是正常的，这个时候父母要注意尊重孩子，耐心地看孩子组装完玩具，因为他总会给你意想不到的惊喜。

在保持耐心的同时，家长还需要做到的是控制自己的情绪，不要对孩子大喊大叫，更不要用自己家长的权威来压制孩子。比如在孩子写作业的时候，孩子做了好几次还在出错，遇到这种情况你该怎么做呢？在网上一些视频中，家长在这种情况下实在生气，就直接对孩子大声喊叫"你怎么这么笨啊！这么简单的题都不会"，但这样做会让孩子逐渐失去解决问题的信心，也会让孩子因害怕家长的吼叫而放弃自己解决问题。

四、家长怎样引导孩子

我们结合上一节的案例来看一看。睿睿提起在学校与朋友吵架的事，在爸爸的引导下，他能够理解朋友的情绪，也能领悟到朋友的需要是希望得到理解：他是因为真的腿疼才不想跑步，并不是要装病逃避。

那爸爸要怎样引导孩子，才能让孩子自己想到解决问题的方法呢？

（一）觉察自己

1. 理解在事件中自己的感受。

2. 通过这件事，了解自己的需求。

3. 明确自己希望对方怎么做，才能够满足自己的需求。

4. 想一想应如何与对方沟通，让他能满足自己。

这其中包括明确自己的需求、自己当下的情绪。比如当我们的孩子和朋友发生矛盾的时候，我们可以引导孩子说出：发生了什么问题？你对这个事情有什么需求？之后表达现在是什么情绪。

【案例】

爸爸："上次说到这件事情，听起来你和朋友都是受害者，你愿意说说当时你的感受吗？"

睿睿："当他大声骂我死胖子的时候，我特别害羞、尴尬，还很生气。"（引导孩子理解自己的体验与感受）

爸爸："嗯，因为有那么多人盯着。还有什么感受吗？"

睿睿："想忍着不吵架的，但没忍住。"

爸爸："努力忍了却没忍住，好像是什么力量把你的努力冲散了。"

睿睿："对，我听到'死胖子'，我就很难受。我是很胖，是长得不好看，但是我也不想被人嘲笑，因为我虽然胖，可我也有优点。"

爸爸："所以你希望自己的优点也能被人看到。"（帮助孩子理解自己的需要）

睿睿："对。"

爸爸："我明白了，在这件事情中，他骂你死胖子，你感觉到被羞辱，很尴尬和生气。你需要的是你的优点被看到，甚至能盖过你的缺点，被大家重视。"

睿睿："对，就是这样。"

爸爸："那么，你希望朋友怎么做呢？"

睿睿："我希望他能跟我道歉。还有就是，承认我虽然胖，但是我也有优点。"

爸爸："好的。"

接着，父母引导孩子说出自己有什么解决办法。可以引导孩子一个一个地将方法说出来，我们可以告诉孩子尽可能多地想方法，如果一个方法不管用再想其他的方法。

(二)觉察他人

1. 理解对方在事件中的感受。首先，我们要让孩子尝试说出对方的感受。

2. 通过这件事，了解对方的需求。

3. 假设对方需要孩子自己怎么做。

【案例】

爸爸："那么你还记得上次我们讨论在这件事里你朋友的感受和他的需要吗？"

睿睿："他感到很委屈、生气，甚至有点恨。他需要的是被朋友理解。"

爸爸："那么，你觉得朋友希望你怎么做呢？"

睿睿："他希望我能跟他道歉。"

爸爸："还有吗？"

睿睿："还有就是，承认他虽然腿疼，但是仍然想要坚持跑步，他很坚强。"

爸爸："好的。"

(三)提出方案

看到了彼此的感受和需求，接下来就是要引导孩子自己想出办法，既能够照顾到自己的需求，又能满足对方的需求。

可能到这里，家长就开始快速转动脑筋思索两全其美的方法了。其实，这一节的主题不是让你帮孩子想办法，而是提醒你，孩子自己无论想到什么样的办法，你都不要去评价对错或方法是否有效，而是去接纳、尊重以及与他一起承担后果。

【案例】

爸爸："他需要你理解他、给他道歉，而你也需要他理解你、给你道歉，这事有些难办了，你有什么好办法吗？"

睿睿："我去道歉。告诉他是我的错，我不应该误解他还骂他。"

爸爸："这是可以解决一方面的问题，还有别的方法吗？"

睿睿："要么就是我不跟他道歉，我直接说他当着所有人的面骂我，这很伤人，而且这让我感到羞耻和生气，希望他可以跟我道歉，然后以后不要这么做。"

爸爸："这个方法能满足你的需要，看来你已经想到两种不同的方法了，还有别的吗？"（不要评价孩子方法的对错，而是去接纳、尊重以及与他一起承担后果。目标是培养孩子独自解决问题的能力）

睿睿："我先跟他说我对他的要求，希望他以后不要骂我死胖子，能够尊重我，还要承认即便我长得胖，但是我也是有优点的。然后我再跟他道歉，我没有理解他。"

爸爸："这个方法听起来好像能满足你们两个人的需要，你还能想到别的方法吗？"

睿睿："要么就是我先跟他道歉，因为毕竟是我先做错的，理解他不是要偷懒，承认他的坚强。然后说我对他的要求，希望他以后不要骂我死胖子，能够尊重我，承认即便我长得胖，但是我也是有优点的。最后，我提出来我还想继续和他做朋友。"

爸爸："这个方法听起来很周到。"

睿睿："爸爸，那我这么做了，他就真能给我道歉吗？我们还能继续做好朋友吗？"

爸爸："这个我就不知道了，我们没有办法控制和准确预测一个人的行为。但是无论他会怎么样，你都可以来和我一起商量着解决问题。我很高兴你愿意和我这样讨论你的困惑。"

睿睿："好。"

在这个过程中，无论孩子自己想到什么样的办法，爸爸都没有评价对错以及是否有效，而是去接纳、尊重以及与孩子一起承担后果。

五、总结与家庭作业

（一）总结

激发孩子的发散思维，培养孩子的思考能力，是每个家长的必修功课。家长能做到的就是学会认可孩子，不批评、不指责孩子，启发和鼓励孩子，同时要做到对孩子有耐心，不大喊大叫。家长做到这些之后，还要去积极引导孩子，教会孩子对方法作出判断和选择。

（二）家庭作业

找到孩子的一个未解问题，试着练习引导孩子自己解决问题。

1. 困扰孩子的事情。

_____

2. 引导孩子觉察自己。

（1）这个困扰带给孩子的感受有哪些？

_____

（2）这个困扰中，孩子有什么需求？

_____

（3）孩子希望对方怎么做来满足自己的需求？

_____

（4）孩子该怎样与对方沟通，才能够满足自己的需求？

_____

3. 引导孩子觉察他人。

（1）对方在这件事情中的感受是什么？

_____

（2）对方在这件事情中的需求是什么？

_____

（3）对方需要孩子做什么？

_____

4. 提出方案。

_____

● 第四节

培养孩子考虑后果的能力，让孩子受益终生

父母是弓、孩子是箭，弓只能帮助箭去往自己要去的地方。

——纪伯伦

在孩子的世界里，没有那么多"应该"和"不应该"，更多的是"喜欢"和"不喜欢"，这也导致很多孩子做事情不会考虑后果。但仔细想想，这并不是孩子的品德问题，也不是习惯问题，而是能力的培养还没有达到一定的程度。

【案例】

几天前，睿睿放学后回到家里，自己一个人闷闷不乐，关上房门就不出来了，爸爸妈妈敲门也没用。在父母着急地追问下，睿睿说课间休息时在教室里和自己的好朋友吵架了，两人的友谊面临危机。

事情发生的第二天，睿睿自己想了 4 个解决办法：

1. 我去道歉，告诉他是我的错，我不应该误解他甚至骂他。

2. 我不跟他道歉，因为他当着所有人的面骂我，这很伤人，而且这让我感到非常羞耻和生气，希望他可以跟我道歉，承诺以后不这么做。

3. 我先跟他说我对他的要求，希望他以后不要骂我死胖子，能够尊重我，承认即便我长得胖，我也是有优点的，接着我跟他道歉。

4.我先跟他道歉，因为毕竟是我先做错的。我理解他不是要偷懒，承认他的坚强，接着希望他以后不骂我死胖子，能够尊重我，承认即便我长得胖，但是我也是有优点的。最后，我提出来我还想和他继续做朋友。

最后，睿睿选择了第二种方法，结果他与朋友吵得更凶，睿睿感觉自己更加委屈。

家长可能会想：孩子为什么会那么冲动地去实施无效的方案？其实，这是由于孩子站在别人的角度考虑问题的能力有待提高，即"观点采择能力"不足。

一、观点采择

（一）观点采择的含义

在发展心理学中，观点采择是指站在别人的角度考虑问题的能力，即自发地理解他人的思想、愿望、情感等。观点采择的本质特征在于个体认识上的去自我中心化，即能从不同角度考虑问题。为此，个体必须首先能够发现自己与他人观点之间潜在的差异，把自己的观点和他人的观点区分开来。比如，有些小朋友送同学礼物的时候会以自己的喜好为判断标准，认为自己喜欢的他人也会喜欢，自己不喜欢的他人也不会喜欢，其实这就是没有站在他人的角度去思考问题，没有把自己的观点和他人的观点想法分开。而在睿睿的案例中，他虽然想出了4种解决方案，却执意要使用第二种方案，觉得自己受了委屈，需要朋友的道歉，但是却不能考虑到其实是自己误会朋友在先，朋友也有很多的委屈和情绪没得到睿睿的理解。接下来，我们看看儿童观点采择能力的由来和发展阶段。

（二）儿童观点采择能力发展阶段

美国发展心理学家塞尔曼用"霍莉爬树"两难故事法研究了儿童的观点采择能力，让我们先来看看这个故事。

霍莉是一个8岁女孩。她喜欢爬树，在邻居中爬得最好。有一天，她从一棵高

高的树上爬下来时，跌落在树枝上，但没有受伤。她的爸爸看见她跌了下来，深感不安，于是要霍莉答应他不再爬树。霍莉答应了。

几天后，霍莉和朋友们遇见了肖恩。肖恩的小猫爬到树上却不敢下来，此时必须立即想办法救小猫，否则小猫有可能跌下来。当时霍莉是唯一一个能爬上去抓住小猫并把它抱下来的人。但是她想起了自己对爸爸的承诺。

故事讲到这里，父母可能会问孩子以下几个问题：

1. 霍莉是否知道肖恩对小猫的感情？为什么？

2. 如果霍莉的爸爸发现她又爬树，爸爸会感到怎样？

3. 如果霍莉的爸爸发现她又爬树，她认为她爸爸会怎样做？

4. 霍莉会怎样做？

前3个问题是让儿童站在不同故事人物的角度去看待问题，最后一问是关于儿童最后的具体行为。根据不同年龄阶段的儿童对以上问题的回答，塞尔曼将观点采择能力的发展分为5个阶段：

阶段0：自我中心的观点采择（学前期）。儿童不能区分自己对事件的解释和真实的事情。

阶段1：社会信息的观点采择（6～8岁）。儿童意识到别人有不同的理解和观点。

阶段2：自我反省的观点采择（8～10岁）。儿童意识到每个人都知道别人有自己的思想和情感，不仅知道别人有不同的观点，而且能够意识到别人的观点。

阶段3：相互的观点采择（10～12岁）。儿童能从第三者、共同的朋友的角度来看待问题。

阶段4：社会和习俗系统的观点采择（12～15岁以上）。儿童认识到存在着综合性的观点，而且也认识到"为了准确地同他人交往和理解他人，每个自我都要考虑社会系统的共同观点"。

虽然案例中的睿睿能够意识到朋友的感受，但是最后依然做出伤害彼此的举动。可能家长会疑惑：那个阶段的孩子已经可以意识到他人的感受，为什么还会做出这样的举动？但是家长应该明白，意识到是一回事，真正理解是一回事，最后能够做到又是另外一回事。所以说，这种考虑后果的能力是一个从无到有、需要后天培养才能学会的能力。可能前期孩子会吃一点点苦头，但只要家长能够意识到这种能力的重要性，孩子前期吃的只是一些无伤大雅的小苦头，我们最终的目的是为了让孩子减少甚至避免去吃大的苦头。

（三）观点采择的重要意义和作用

1. 提高孩子的社交能力

当孩子学会站在他人的角度思考问题时，就不那么容易受自己和他人情绪的影响。通过理解他人的感受，看到他人情绪背后的需求，这有利于化解彼此之间的冲突，让自己成为一个更受欢迎的人。

2. 利于孩子解决问题

解决问题和考虑后果是一个循环的过程，在解决问题的过程中需要考虑后果。如果使用某种方法，考虑到后果时发现不能解决问题，就需要我们重新回到解决问题上，寻找新的方法。

3. 培养孩子制定计划的能力

制定计划是一个比解决问题和考虑后果更为复杂的过程。如果后两个能力得到很好的培养和锻炼，会为接下来的制定计划能力的提升奠定良好的基础。

二、父母要如何做

（一）肯定孩子给出的方案

当孩子开始提出解决方案的时候，家长很容易因为自己的知识水平和能力高于孩子而指出孩子的方案不可行、存在什么问题，以及最后的处理结果是什么。其实这样的做法剥夺了孩子自己思考的能力，还会让孩子产生"这个问题我自己解决不了"的挫败感。所以，不论孩子的方案是否有效，家长都要给予孩子肯定，肯定孩子的努力，因为至少这是孩子想出来的处理办法，符合他的认知水平和现有能力。有了肯定，孩子才会继续主动往前走。

（二）接纳孩子的情绪

在情绪冲动的状态下，不论是谁都很难集中精力去考虑如何更好地解决问题，此时则需要家长接纳孩子的情绪，引导孩子先平复自己的情绪。这一点我们在第二章第一节"接纳父母和孩子的情绪"以及本章第一节中"理解他人的情绪"部分有详细介绍。在接纳自己的情绪和理解他人的情绪的前提下，孩子才能冷静下来，才能站在他人的角度，带着一颗同理心去看待这件事情，并着手思考事情的来龙去脉和解决方法。

（三）和孩子一起承担自然后果

在孩子还小的时候，家长往往会代替孩子去解决问题。这样虽然能避免孩子受伤、犯错，帮助孩子规避风险，却剥夺了孩子获得能力的机会。随着孩子渐渐长大，当他必须独立时，能力却跟不上，就可能会出现很多适应性问题。因此，家长要学会"忍耐"，忍住指导孩子的急切心理，给孩子试错的机会。

在试错的过程中，父母要接纳孩子，给孩子雪中送炭，观察和评估孩子需要提高的能力，鼓励孩子自己想办法，摆正心态，和孩子一起承担后果，效果不好可以再试，试到孩子能自己解决为止。这个时候切忌操之过急，孩子必须把没走过的路自己走一遍，才能有所成长。

所以，在孩子小的时候，如果遇到的困难靠他自己就能解决时，父母就要放手，让他自己去尝试解决困难，即便失败也能品尝失败的滋味，目的是积累他的能力和经验。随着成长中学习和社交方面的压力越来越大，他自己掌握的能力也越来越强，自然能应付，甚至可以做到主动管理、计划，规避风险。

回到一开始睿睿提出来的 4 个方案，当孩子执意要用第二种方案去解决问题——不跟同学道歉，同时让同学跟他道歉，家长可以让他去尝试，即使很担心也要放手让孩子去做，当然最后的结果也可想而知，同学肯定会跟他吵架，弄得不欢而散。孩子回到家后，家长就当什么也不知道，不评判，不指责，接纳孩子，和孩子一起承担后果，等孩子开口向自己讲述事情的经过。

三、父母如何帮助孩子培养观点采择能力

（一）给孩子考虑后果的时间

父母要留给孩子思考的时间。当睿睿沟通失败回来的时候，他可能就会想到这个方法不对。他会静下心来思考这一切的来龙去脉，思考自己的解决办法是否只是对自己有利，是否只是挽回自己的面子和满足自己的需求，但事实却是自己误会朋友在先，因此睿睿就会意识到自己要先看到朋友的需求，向朋友道歉，之后才向朋友表达自己的需求，这样他们就会再次成为好朋友。

让孩子能够考虑到这些内容，需要家长的一步步引导，更需要家长给孩子留出足够的思考时间，不要急于给孩子答案。

（二）帮孩子建立行为—后果的链接

通过家长的引导和孩子的思考，孩子可能会再次想出新的解决办法，并付诸行动。通过每一次的行动，孩子都会获得一个不同的结果，这样的循环能让孩子渐渐获得行为和后果之间的链接。直到最后既表达出自己的情绪和需求，也理解同学的情绪和需求，两人的需求都被看到，冲突自然就会化解。

针对孩子的每一种解决方法，父母不作评价，而是让孩子自己去经历后果，体验自己的感受，那之后再遇到类似的问题时，孩子可能就不需要父母一步步引导了。当他能够依照"接下来可能会发生什么事情"来考虑解决问题的办法，并将自己和别人的感受都考虑在内时，他也会感觉自己是有力量的，因为这些方法是他自己想出来的，他也会愿意花更多的时间去思考方法是否可行。通过不断地验证，他更加确定自己的能力，而这种能力会让他自己受益终生。

四、总结与家庭作业

（一）总结

在顺应孩子发展的前提下，家长需要花一些精力培养孩子观点采择的能力。同

时在考虑后果的过程中，家长要肯定孩子给出的方案，接纳孩子的情绪。当孩子按照自己的想法解决问题时，家长不说教、不评价，而是和孩子一起承担事件的自然后果。当孩子受到挫折时，给他留出足够考虑后果的时间，进一步帮他建立行为—后果的链接。这种培养孩子考虑后果的能力会间接提高孩子解决问题的能力。所有这些能力并不是割裂的，而是相互影响的。家长需要给孩子更多的时间和机会慢慢成长。

（二）家庭作业

1. 请列出孩子在生活中遇到的一个困难或者问题。（问题尽量具体）

_____

2. 根据这个问题，请孩子给出尽可能多的解决方案，不评判对错。

（1）方法一：

_____

（2）方法二：

_____

（3）方法三：

_____

（4）方法四：

_____

（5）方法五：

_____

（6）方法六：

_____

3. 请针对以上每一个方法，请孩子考虑这种方法可能导致的结果。

（1）结果一：

_____

（2）结果二：

_____

（3）结果三：

_____

（4）结果四：

_____

（5）结果五：

_____

（6）结果六：

_____

通过综合评估，请孩子最后选出最恰当的那个方法，并去实施吧。

● 第五节
分步计划，让孩子不抱怨事情难

> 人活着要有生活的目标：一辈子的目标，一段时间的目标，一个阶段的目标，一年的目标，一个月的目标，一个星期的目标，一天、一小时、一分钟的目标。
>
> ——列夫·托尔斯泰

相信很多家长都给自己的孩子做过计划，比如读书计划、假期写作业计划、成绩提升计划等等，希望孩子通过认真执行计划在学习上有所提升。然而，规划有多美好，执行就有多坎坷。

父母的期待很高，而孩子作为计划执行的主角却完全是被计划本身推着走。孩子痛苦，家长焦虑，彼此相互埋怨和争吵，计划最后也不了了之。这中间的问题到底出在哪里？明明初心是好的，为什么计划最后总是以失败收场？

我们来看看睿睿的父母给他制订的计划。

【案例】

睿睿的英语成绩总是在及格线上下浮动，其他科目成绩还不错，但英语如果一直这样会影响将来的高考。父母为此给睿睿制订了很严格的英语学习计划，除了日常学习之外，每天要背 20 个单词，做一套英语卷子，做 10 篇阅读理解，看 5 页儿童英语读物，还准备给睿睿订购英语学刊，希望孩子的英语成绩能够从及格到良好，甚至是优。起初，睿睿还能坚持住，时间一长就有些吃不消了，慢慢跟不上计划。父母总觉得是睿睿不够努力，不愿意吃苦，也苦口婆心地劝过他，一时气急也会打骂他，但说什么睿睿也不干了，只要是上英语课就在课堂上睡觉，只要是跟英语相关的东西全都拒绝，父母真是心急如焚，不知该怎么办。

父母的初心得到的结果是睿睿对英语的彻底放弃。家长和孩子都很努力，却不能实现目标，这是因为在计划实施的过程中存在着误区。

一、计划实施中存在的误区

（一）制定的目标并非孩子真正想要达到的目标

父母制订计划的初衷是为了帮助睿睿提高成绩，睿睿也很认同，否则不会在一开始那么努力。然而，计划的目标并不是孩子自己能够达到或者想要达到的，因此父母要做的不是直接给孩子定目标，而是先引导孩子想一个"真正"想要达到的目标。

但究竟什么是真正有效的目标？这里有一个 SMART 原则（其中 S=Specific、M=Measurable、A=Attainable、R=Relevant、T=Time-bound）：

1. 目标必须是具体的（Specific）。

2. 目标必须是可以衡量的（Measurable）。

3. 目标必须是可以达到的（Attainable）。

4. 目标是实实在在的，可以证明和观察，具有相关性（Relevant）。

5. 目标必须具有明确的截止期限（Time-bound）。

所以，只有明确、具体、可衡量且有时间限制的目标以及行动，才能真正获得好的结果。对睿睿而言，"要学好英语"这样的目标并非一个有效目标。他需要父母不断与他进行澄清：什么样算是好，获得什么样的成绩算是学习好，英语考多少分才算是优秀。父母要用这样的方式帮孩子梳理出真正有效的目标。

(二)遇到障碍时的错误归因

睿睿的英语成绩本来就不高,父母制订的计划本身对孩子有一些挑战性。但是父母并没有看到孩子的努力,反而觉得孩子吃不了苦,这也会大大削弱孩子的自信心。孩子本来就已在学习的过程中顶着很大的压力,时间一长,他真的会觉得英语可能是自己无法迈过去的坎儿。

所以,当计划执行不下去的时候,如果不是孩子不努力,那可能就是计划本身有问题。由此可见,要么就像无头苍蝇一样不制订计划,彼此相安无事;要么父母和孩子沉下心来一步一步好好做计划,把计划的好处和意义最大化。可想而知,大多数父母还是会选择后者,因为谁也不想让孩子落后于他人。那到底培养孩子分步计划能力的好处都有哪些呢?

二、分步计划的好处

(一)连接现在与未来

与解决问题能力和考虑后果能力相比,分步计划能力又是一个相对更加复杂的过程。有些事情需要单一的步骤来解决,但是还有更多的事情需要一个周期才能完成,面对外界很多不可控的因素,我们需要通过制订计划来帮助自己把事情做得更好。

"未来的我会更加美好",这是每个人生活的动力,但到底"现在的我"要做些什么以及如何做才能让"未来的我"更加美好呢?其实大多数人心中也没有清晰的答案。为了避免像无头苍蝇一样到处乱飞,最好的方式就是能把未来的自己与现在的自己进行紧密连接,而这个过程就是制订计划。这也是为什么作为家长要帮孩子梳理计划,让孩子有规划意识,因为这样才更容易让孩子成为自己以及父母期望中的"优秀孩子"。

(二)让孩子了解时间概念

每个人的左脑右脑有各自的特点,左脑更偏向理性,右脑更偏重感性。而对于小孩子而言,右脑发育更早,左脑通常在四五岁时才开始真正的成长。右脑与左脑最大的区别之一在于右脑偏重感情、直觉，但是它没有时间的概念，这也是为什么小孩子常常把很久以前的事说成"前几天发生"，并且没有周一、周二的概念等。帮孩子梳理计划，实际上也是在帮孩子增加时间感。体验对时间的感受，是孩子心智发展中非常重要的一项内容。制订计划、执行计划的过程也是在帮孩子把一件件事件以时间的先后顺序呈现，这里面所蕴含的价值，绝不仅仅只是让孩子知道要做什么那么简单。

（三）提升孩子的自信

目标的设定，尤其是大目标的制定和完成不仅时间跨度大，还有一个重要的特点就是"难"。通常那些需要很多时间积累才能实现的目标也是在外人看来很难达成的，因此，如果孩子能通过父母的引导完成一个个小目标，进而实现一个"大"目标，对于孩子自信的提升是非常有帮助的。

所以说，帮孩子在大目标下分步计划，不仅能提升孩子自我规划的能力，同时也会提升孩子的自信。这些都是孩子今后能够幸福生活的重要基础。

三、父母如何做

（一）遵循"最近发展区"原则

父母在制订计划之前，需要先考虑孩子现有的水平和能力。目标定得过高会像案例中的睿睿一样无法完成，但是目标定得太低又没有挑战性，所以制定目标时，父母要遵循"最近发展区"原则。

该理论是由苏联心理学家维果茨基提出的，他认为儿童的发展有两种水平：一种是儿童的现有水平，指独立活动时所能达到的解决问题的水平；一种是儿童可能的发展水平，也就是通过教学所获得的潜力。而两者之间的差异就是最近发展区。计划执行中目标的制定应着眼于儿童的最近发展区，为儿童提供稍有难度的内容，调动儿童的积极性，发挥其潜能，使儿童超越其最近发展区而达到下一发展阶段的水平，然后在该基础上进行下一个发展区的发展。

所以，回到案例来看，父母在制订计划时需要基于睿睿的现有英语水平和他可能达到的英语水平来考虑。睿睿现在的英语成绩一直在及格线上下浮动（以 60 分为例），这是睿睿现有的英语水平，而睿睿可能达到的英语水平是在原有基础上提升 10 分左右。如果家长给睿睿定的目标是达到 90 分，这对睿睿来说难度过大，那么这个目标就需要重新考虑。

（二）不轻易否定孩子定的目标

在讨论目标的过程中，不要轻易否定孩子定的目标。不论睿睿给自己定的目标是英语成绩由 60 分提高到 61 分，还是由 60 分提高到 90 分，父母都不要急于下判断，否则就与孩子站到了"达成目标"的对立面。不否认孩子定的目标，但是父母可以思考实现目标的途径和方法。有时候，孩子在思考途径和方法时，自然也会看到目标的不实际性，这时候让孩子自己重新修正就可以了。价值中立是父母引导的前提，不评价目标，只思考路径和资源。

总之，制订计划本身就不是一件容易的事情，但父母需要清楚制订计划的目的，短期来看是为让孩子形成规则意识，而长期来看是为让孩子养成良好的习惯。这中间的障碍和困难一定不少，但是父母要相信自己，也要相信孩子，慢慢培养孩子制订分步计划的能力，让孩子觉得有些事情自己还是可以做到的，并且做得很好。

四、父母要如何帮助孩子掌握分步计划

（一）制定有效的目标

之前提到目标的衡量标准以及目标的制定一定得是孩子愿意达到的，所以在分步计划制定目标的过程里父母要让孩子参与进来，表达自己的想法。比如睿睿觉得英语成绩从 60 分提升到 90 分太多了，我们就可以先定一个从 60 分提高到 75 分的大目标。

（二）制定实现目标的具体步骤

目标确定之后，我们要怎么做？这需要一步一步以目标为导向往下推。睿睿的

英语成绩最终目标是要达到 75 分，这是一个大目标，但我们可以将大目标拆成一个个小目标，想一想为了先提高 5 分都需要做些什么。这需要睿睿以自己这一段时间的英语卷子作为参考，看看自己哪些地方是丢分比较多的，哪些地方的丢分是可以在下次考试之前通过努力挽回的，从小细节的改变提高小目标的实现率。如果这个过程中孩子的成绩没有达到理想的状态，也并不意味着计划的失败，只能说这是计划的执行过程中必然会遇到的障碍和困难。

（三）考虑实施过程中会遇到的阻碍

我们如果明确了目标，马上要做的就是思考行动，但这里面我们常常会忽略一个问题：行动的目的不全是指向最终的目标，有时行动是为了满足达成目标的一些前提以及克服相关的阻碍。比如，父母可以用开放性的问题问孩子：英语成绩最终要达到 75 分之前可能存在哪些阻碍。

随着目标的明确，这样的询问更容易给孩子启发——目标的达成一定伴随着跨越阻碍。随着对阻碍和困难的深入思考，孩子便会将目标跟现实的自我水平进行联系，这就是在培养孩子站在不同角度考虑问题的能力。

孩子可能会想到很多困难：客观上，时间不够用、好多题不会；主观上，怕坚持不下来、老想玩游戏。针对这些问题，我们可以思考要做些什么才能够予以解决。也有些困难我们可能想不到解决办法，但它们又是"致命"的困难。这时，我们可以提议修改目标，重头再来。说是重头再来，但是我们的努力并没有白费，在试错的过程中，孩子也学到了合理评估问题并尝试解决问题的能力。

（四）给计划定一个期限

试想，如果不提障碍只看行动，提高成绩的行动就只剩下好好学习、多做题。只有想到了障碍，行动才会更丰富，目的是帮孩子以及父母获得一种掌控感。这样才会真正地促使家长和孩子行动起来，也增强了孩子在行动过后"因我自己努力而达成目标"的成就感。

学习是一个低反馈频率的任务，每天多做 10 道题，多久能看到成长，谁也不清楚，但如果孩子是在克服一个又一个困难，这种"打怪升级"的感觉便会更加明

显，这也会增强孩子落实行动的动机。

根据障碍或困难，父母可以跟孩子讨论出到底需要做哪些事情，同时务必给这些事情加上时间的标准，比如"背 10 个单词"和"8 点前背完 10 个单词"，"考到年级前 10"和"期中考考到年级前 10"，这两种描述的激励效果是完全不同的。

当明确以上内容后，行动计划自然就形成了。但是，这里又有一个很重要的原则：由孩子自己执行并评价最后的结果。父母陪孩子制订一项计划，执行计划的过程一定有顺利之处和受阻之处，比如定了阶段性标准（成绩）但孩子并未达到。如果这时父母站出来批评或敦促孩子，计划就又一次变成别人的，而不是孩子自己的了。目标是培养孩子制订计划，让孩子自觉落实，而并不是不断督促他去执行。如果孩子就是落实不好，那就需要在下一步进行调整。

（五）计划可以调整

一开始制订计划时，孩子可能会出现把目标定得过大、过程想得有些简单等一系列问题。但家长陪孩子制订分步计划，更多的是希望他掌握制订计划的能力和意识，有效地管理自己，而非仅仅完成计划。因此，相对于成功达成目标，孩子思考计划、执行计划、评价和反思计划的过程才更为重要。

如果在实行计划的一个月后，孩子并没有完全按照目标执行，成绩提升也不多，作为家长只需要思考并问孩子："似乎我们这次没有达到期望（计划）的阶段目标，你觉得我们现在能达到的目标是什么样的？我们还能做些什么？"父母需要在孩子失败后引导孩子重新定目标，重新制定一个他现在认为可以达到的目标。本来目标的意义就是激励孩子自我成长，如果这个过程中再加入父母的引导和鼓励，计划的实施过程也会更加顺畅。

总之，帮助孩子制订计划是一个漫长的过程，通过目标的设定、计划的执行，以及过程中的不断试错从而重新调整计划，让孩子适应计划到最后让孩子形成习惯。我们最终的目的不只是培养孩子制订分步计划的能力，更是让孩子养成良好的学习习惯和生活习惯。

五、总结与家庭作业

（一）总结

本节我们讨论了制订计划的误区，了解了计划的好处，重点是教父母如何帮助孩子制订并实施分步计划，在不断试错的过程中激励孩子勇往直前。

在孩子成长的过程中，父母是引导者和协助者，而孩子才是最终的决定者和执行者。当孩子面对无数的失败依然能获得对自己、对事件的掌控感时，他就是一个自信、有价值感和成就感的有为少年。

（二）家庭作业

制作一块愿景板，贴在家里。

按照上面学习的步骤，请孩子制订一个计划，并将计划中出现的问题和解决方案写下来。

_____的 _____ 计划

终极目标：_____

阶段目标一：_____

可能的困难：_____

解决方法：_____

阶段目标二：_____

可能的困难：_____

解决方法：_____

阶段目标三：_____

可能的困难：_____

解决方法：_____

执行者：_____ 日 期：_____ 截止日期：_____

● 第六节
培养孩子解决问题的综合能力

成为一位稳定且可以提供可靠学习资源的照顾者，要比成为一位直接教导式的照顾者更有价值。

——艾莉森·高普尼克

社会化是每个人都要习得的一项重要能力，也因此本书用了大量的篇幅与家长分享如何培养孩子的社会能力。而社会能力也有分层次，其中理解他人感受、读懂他人动机都是人际关系能力，推断后果、制定目标与制订分步计划都是一个人处理事件的能力。而在"人"和"事"能力之上的综合应用，就是孩子解决问题的综合能力的形成。

解决问题不仅仅是针对问题本身，每一个孩子在生活中遇到的矛盾、困境或紧急事件，都离不开"人"和"事"共同的影响。事脱离不了人的存在，人也不能脱离情境事件而存在。因此，每一次面对问题的解决，都需要孩子"人"与"事"两个方面的能力的综合运用。

孩子能够解决问题，势必需要之前我们所提到的各项社会能力。与此同时，每一次孩子处理、解决问题的过程，也同样是在培养与强化他自己的情绪管理、换位思考、逻辑分析等多项能力。这不仅能够锻炼孩子解决问题的综合能力，也同样会提升他的创造性。

国家近年来一直提倡的创新人才的培养，恰恰就是指培养一个人能否创造性解决和处理问题的能力。由此来看，孩子解决问题的能力，不仅是个人能力的结果，也是成长的基础。

一、逐步练习

解决问题不仅是一种能力，也是一项技能，孩子需要通过一次又一次的经历才能得到真正的成长。孩子在不同年龄阶段，心理发展水平也会不同。"解决问题"这种能力，也需要根据孩子不同阶段的心智状态来逐步锻炼，就好像学游泳一样，我们的目的虽然是能够在水里游，但肯定不能一开始就直接下水，而是要先练憋气、换气，再学动作，接着还需要练习各种泳姿，最后才是尝试游起来。这个逻辑过程跟孩子解决问题的练习过程如出一辙。

（一）3 ~ 5岁——思考"发生了什么"比解决方案更重要

还处于幼儿园阶段的孩子，其实并不能够对自己、他人、事件有一个整体的认识，尤其是遇到人际矛盾时，例如别人拿走他的玩具、坐在他的座位上等情况。孩子自己的情绪都难以控制，如果这时直接问他"该怎么办"，孩子不可能立刻回答出最有效的方案。就好像学游泳一开始就直接把人扔到水里一样，即使那个人最终能学会，也可能会留下阴影。所以，在下水游泳前，先要学会的是憋气和换气；同样地，孩子在解决问题的过程中，首先要学习的是思考"到底发生了什么"。

【案例】

孩子："我不想去幼儿园了，幼儿园一点意思都没有！"

家长回答一："每个小孩子都得去幼儿园啊。"（摆事实，讲道理）

家长回答二："可是我们还是要去幼儿园啊，晚上妈妈给你做好吃的，好不好？"（提出解决方案）

家长回答三："如果你不去幼儿园，就只能一个人在家里了，我们都要去上班，

你只能自己一个人玩哦。"（把问题摆出来，让孩子思考和决定）

以上的对话中，家长的最终目的都是让孩子主动或被动地接受要去幼儿园这一个事实。但实际上，我们错过了让孩子觉察和思考"发生了什么"的时机。引导孩子觉察"发生了什么"，家长先要"看到"孩子的感受以及需求，并将这种感受和需求反馈给孩子；当孩子明白自己的"感受"时，他才能够真正去回忆到底发生了什么。

如果孩子自己说不出来，家长可以这样回答：

家长回答一："啊！听你说的，我猜你觉得在幼儿园没有自己喜欢做的事？"

家长回答二："我猜啊，是不是幼儿园不能想干什么就干什么，所以你觉得没意思？"

家长回答三："我猜你在幼儿园想玩的时候，老师总是跟你说这个不行、那个危险的，是不是？"

假设孩子说幼儿园没意思是因为"规则的约束"，这件事的问题便从"我不想去幼儿园"变成"我不能想玩什么就玩什么"，这是两个完全不同的问题。

对于小孩子而言，的确有很多事情就是不能随他的意，也有很多事就是需要孩子"不得不做"，当孩子真正意识到"发生了什么"时，他才更容易接受。由于思维能力发展受限，对于 3 ~ 5 岁年龄阶段的孩子来说，知道发生了什么，远比打算怎么办更重要。

（二）6 ~ 8 岁——尝试找到更多的方法

孩子经历了 3 年的幼儿园生活，实际上他的社会能力已完成初始化的过程。孩子对于自己的情绪和感受以及他人的感受的理解有一定的能力，相当于已经学会憋气、换气，这时他需要进入"学习游泳动作"这一部分。

学会"动作"，并不意味着这个动作要绝对协调，也不意味着可以立马下水游泳，而是指需要在岸上练习和熟练这些未必"绝对有效"的动作。

因此，对于这个年龄阶段的孩子来说，他最需要的是遇到问题后找到尽可能多的办法，而这些办法是否现实、是否有效大可不必考虑。试想，如果孩子每说一个方法，父母的答案都是否定，那孩子是否还会继续思考解决的办法？所以这样做的话，往往最后的结果就变成"等待家长告诉正确答案"，这对于练习解决问题无疑起到反作用。

父母可以跟孩子玩"每人一条"的游戏，轮流说出各自想到的方法，过程中如果孩子过于天马行空，父母可以落地一些，而面对太过局限的孩子时，父母则可以主动提出一些天马行空的办法，活跃孩子的思维。如果孩子稍微大一些，家长可以使用"如果这么办会发生什么"的问句询问，以此锻炼孩子思考问题后果的能力，这样既进行了练习，同时也为后面进一步的成长奠定了基础。

（三）9 ~ 12 岁——更全面地看待问题

三年级以上的孩子已经有较为系统的自我、他人、事件的概念，相当于已经学会憋气、换气，也掌握了游泳的动作。他已经可以下水真正寻找游泳的感觉并且练习游泳了。这时，家长需要给孩子的支持是给他一块"浮力板"。而在解决问题中，这块"浮力板"指的是一套通用的思维框架。孩子可以用这些框架去练习思考和分析问题、解决问题，直到孩子已经养成类似的思维习惯，即使没有了这套框架，他也能独立、自如地解决问题。

二、SODAS 解决问题法

虽然"浮力板"的具体形式和作用多少有些不同，但其核心功能都是一样的，同样，解决问题的方法也有很多，这里推荐一个通用的方法：SODAS 解决问题法。

其中：

第一个 S=Stop（停止），即停下来确定问题。

O=Options（选择），即列出各种可能的选择。

D=Decision（决定），即决定哪个选择最好。

A=Action（行动），即执行计划，开始行动。

第二个 S=Self-praise（自我奖赏），即在解决问题后进行自我奖赏。

这种解决问题法的顺序，也是按照"明确问题—思考方法—每个方法延伸思考"这样的顺序进行的。在孩子 3 ~ 8 岁时，他一直练习的其实也就是"发生了什么""我都有什么办法"（即前 2 步），而后 3 步的内容更多是做出决定、执行计划、自我奖励，这 3 步的确需要更高的心理发展水平才能完成。对于 9 ~ 12 岁的孩子而言，这也是在锻炼他们的独立决策和执行计划的能力。

当然，以上年龄的划分以及相应要做的事并非有严格区分。这里这样表达的目的是希望家长能够理解孩子在不同年龄阶段的发展水平，同时理解这种解决问题的能力需要一步一步地练习。

SODAS 解决问题法是一种更加系统的解决问题的练习模式。如果孩子已经到了初中甚至高中阶段，他依旧可以通过这样的方式对遇到的问题进行分析和决策。运用这个方法不仅是在练习思维，也是在帮助每个人将思维过程外化。只有更加客观、完整地观察自己的想法，才会产生更加客观、有效的答案——这也是所有问题决策的重要原则。

三、生活中的练习——家庭会议

在孩子的生活中，并不会时时刻刻都有典型的"解决问题"的案例发生，我们也不可能非要等到孩子"遇到问题"才教给他如何解决。因此，家长可以通过家庭会议这项活动，在家庭日常生活中锻炼孩子解决问题的能力，同时这样也能够营造一种公平、尊重的家庭环境。

家庭会议有仪式化的流程，每隔一段时间，家人可以提出一个议题，而这个议题无疑就是一个"需要解决的问题"。所有家庭成员共同参与讨论和提出解决方案，最终在尊重自己、也尊重他人的前提下共同选出最佳方案并执行。

（一）实施步骤

以"要去哪旅游"为例进行解说。

第一步：致谢 / 分工。

这步与议题无关，"致谢"指家庭成员在这一段时间中，就某件事向某个人表达感谢，这部分内容更多是一种感恩、尊重、归属感的表达。而分工则是指定下谁负责记录、谁负责主持、谁负责控制时间等内容，这部分也是会议顺利进行所必需的准备。

第二步：提出议题。

首先，提出的议题的范围一定要缩小并具体，否则无法落实。同时，需要明确家庭会议解决的问题并非一定是针对孩子的学习问题、习惯问题，类似这种议题并不适合立即作为家庭会议的内容，因为操作不好容易变成"批斗大会"，孩子也不愿意参加。所以，这个议题需要跟每个家庭成员息息相关，在前几次会议中成员间可以讨论一些比较具有娱乐性的话题来带动家庭氛围，比如讨论孩子喜欢哪个兴趣班、家里的日常饮食如何安排等。会议基调是积极向上的，可以摆上水果或小零食，让彼此在轻松愉快的氛围下开始家庭成员间的交流与讨论。

议题：暑假期间家里要安排外出旅游一周，大家都想去哪里？

第三步：讨论关键点/关键词。

每个人可以对问题提出自己的看法和想法，从中明确最关键的争议是什么，这一步便是SODAS中的第一个"S"（停下来确定问题）。爸爸希望去东北，妈妈希望去海南，而孩子希望去云南；只有每个人进一步表达后，我们才能确定各自的想法。那么一家人面对的关键问题就是：如何选择一个三个人都同意的地方作为旅游的目的地。

第四步：头脑风暴，提出方案。

关键问题确定之后，大家便可以进行头脑风暴。也许是想到一个有山有水的沿海地方，也许是决定今年先去海边、明年再去山川，等等。总之尽可能多地想到解决方案，这也就是SODAS中的"O"（列出各种可能的选择）。

第五步：所有人表达看法和感受。

前两个环节中，成员间不能对彼此提出的方案进行评判；而在这个环节中，每个人可以针对每条内容表达自己的真实感受。例如，我不喜欢云南山里那种湿漉漉

的感觉；如果去太远的地方，玩的时间就会被压缩；我同意去山里，明年再去海边。

这样表达的前提是父母既要尊重孩子的意见，也要尊重自己的感受，父母通常会很容易理解孩子的感受，但父母自己的感受也应当被尊重。在这样的状态下，孩子才更能够学会理解他人的感受，也能够真正全面地思考"解决问题"。

第六步：选择最终方案。

经过一番讨论，全家决定了最终的旅游地点，这也就是 SODAS 中的"D"（做出决定）。但这并不意味着会议的结束，关于旅游的具体准备和分工安排也要有序进行，这也就是 SODAS 中的"A"（行动），比如安排孩子负责查看出游那几天的天气情况，爸爸负责预订机票和酒店，妈妈负责整理各自的衣物和日常用品。这样的家庭会议才是完整的。

如果是关于家庭的一些制度方面的问题，也可以提议试行一周，之后再来讨论。通过"分析问题—制订方案—实施方案—反思"这一整个过程，才更有利于孩子找到真正有效解决问题的方法。

第七步：安排一个"会后时光"。

家庭会议后，全家人一起去做一些开心的事情，例如一起做游戏、一起吃饭、一起看电影等，这也是给一段激烈的讨论带来一种更美好的感受的举动。由此形成一个良好习惯，每个家庭成员都意识到家庭会议是真的以解决问题为目的，是兼具娱乐和趣味性的活动，也是家庭成员间的欢乐时光。这就是 SODAS 里的第二个"S"（在解决问题后的自我奖赏）。

（二）原则

以上是关于如何帮孩子学会解决问题的方法，当然在引导的过程中，也希望家长注意以下几个原则。

1. 只启发和示范，但将决定权交给孩子

解决问题的关键在于孩子能否自主想到问题、提出解决方案、进行决策、思考并面对决策的后果，在这过程中家长需要做的是一个启发者的角色。也许孩子的一些想法在家长看来是"幼稚"甚至"后果严重"的，家长仍应尽量避免说教，启发孩子继续思考，避免陷入让孩子思考后直接听取一个"成熟建议"的状态。

2. 重点在于新的体验，而不是解决了问题

解决问题的练习，其重要性不仅在于过程，更在于结果的经历与体会，有些家长势必要控制那些"糟糕的后果"，但是"糟糕的后果"不等于"没有成功解决问题"。有时，孩子所提的方案也许不一定能解决问题，但只要没有极端风险和严重后果，我们都不妨让孩子去试一试。孩子需要经历必要的失败，甚至有些时候方案并没有错，但执行之后的结果就是失败，这些都是孩子成长中重要的经历与体验。解决问题的关键不仅在于找到一个好答案，更在于通过分析思考、行动后，孩子获得一种全新的体验，这份体验才是成长宝贵的财富。

3. 有时未必需要一个方法

我们总希望所有事物都是可控、有因果的，但实际上很多事的的确确没有一个绝对的解决方法。例如，考试成绩很糟糕，就是会心情不好；因为他人真的激怒了自己，所以会愤怒地反击。这些问题以及问题的后果都可能会比较严重，但如果我们非要想出一个解决办法来避免糟糕的情绪，反而会让事情变得更糟。

如果孩子遇到了他解决不了的问题，例如在学校被抢劫，家长也不必再去启发孩子思考、让孩子解决，这件事交给大人就可以了。解决问题是一种能力，但不是所有问题都能被解决或者需要被解决。必要时孩子可以不去解决，而作为父母，我们需要在此时变成一叶扁舟，载着他度过这段难熬的时光。

四、总结与家庭作业

（一）总结

本节主要讲解了不同年龄阶段孩子解决问题能力的发展情况，也学习了两种解决问题的方法：SODAS 解决问题法和召开家庭会议。

同时，作为本章的最后一节，我们来回顾一下整个章节的主要内容。从让孩子理解他人情绪开始，到培养孩子掌握分步计划，每一次能力的锻炼都更加复杂和重

要。起初的成功与否并不重要，重要的是家长和孩子的意识的加强。给孩子和家长自己更多的试错空间，也是给孩子更多的成长空间，相信孩子在未来的生活中能够游刃有余地处理自己的事情。

(二)家庭作业

作为第三章的最后一节，这里的作业就是希望大家能梳理一下本章所学到的知识，然后按照上面学习的步骤召开一次家庭会议，并将每个步骤的内容写下来。

家庭会议主题：_____

爸爸的目标：_____

妈妈的目标：_____

孩子的目标：_____

最终的目标：_____

可能存在的问题和障碍：_____

解决方法：_____
_____

任务分配：

爸爸：_____

妈妈：_____

孩子：_____

执行结果：_____

建议：_____

本章总结与作业

孩子的成长是慢慢从依赖走向独立的，家长最好的支持就是让孩子学会独立，孩子最大的成功就是亲自去体验失败。家长能做的就是在理论、经验和孩子的亲身体验之间架起一座桥梁，向孩子提供一些情感、资源和技术上的支持。在本章中，家长在掌握了正确的养育理念的基础上，学习了帮助孩子建立和谐人际关系和提高解决问题能力的方法，从培养同理心到培养制订分步计划的能力，从理解他人动机到独自承担行为后果，放手让孩子锻炼出属于他自己的解决问题的综合能力。你可以通过回答以下问题，了解自己在养育过程中的"道"与"术"。

养育之"道"

请你回答以下问题，以便更清晰地了解自己的养育理念。

1. 你认为让孩子学会理解别人的情绪和动机有何作用？

A. 理解别人的情绪和动机会导致孩子自己的情绪受到压抑，会让他在人际交往中处于劣势地位。

B. 理解别人的情绪和动机可以帮助孩子学会换位思考，有助于人际关系的改善和问题的解决。

2. 在培养孩子的同理心时，你认为什么最重要？

A. 孩子学习共情的技术。

B. 孩子感受到自己的情绪被父母接纳。

3. 你更倾向于哪种做法？

A. 不忍心眼睁睁地看着孩子犯错，要及时善意地提醒他。

B. 如果孩子犯错的后果是他可以承受的，那就不干涉，让他自己去碰壁，给他从挫折中学习的机会。

4. 你觉得哪种说法更对？

A. 解决问题的能力是一项非常复杂的能力，太小的孩子根本就学不会，所以不用费心培养。

B. 解决问题的能力可以根据孩子不同阶段的心智状态来逐步锻炼，即使是3岁的小孩子，家长尝试向孩子解释发生了什么事情，也有助于他解决问题能力的发展。

答案解析：

答案没有绝对的对错之分，但是我们认为每题的 B 选项是更优答案。

你可以从两个选项的对比中概括出本章涉及的一些养育理念，即在孩子社会化的过程中，孩子的人际交往能力和解决问题能力是可以逐步培养的。在人际关系方面，成长的关键在于父母对孩子的接纳，孩子在体会到被接纳之后，会更容易和别人发展出健康的人际关系。在解决问题方面，成长的关键在于家长能够适度放手，鼓励孩子独立解决问题。

在回答完以上问题后，请你总结自己在养育理念上的进步，并和你的家人一起完成以下家庭作业：

和你的家人一起讨论以下问题——分享你认为自己孩子长大的瞬间，孩子在其中做了什么努力？你和你的爱人分别做了什么努力？

养育之"术"

请你回答以下问题，以便更清晰地了解自己的养育方法。

1. 当孩子惹你生气时，你觉得更好的表达情绪的方法是哪种？

A. 你怎么能这样，跟你讲了多少遍了！你怎么就是不听！

B. 你看着我，看看妈妈的表情，妈妈现在有点生气！

2. 孩子和同学发生矛盾，回来找你诉苦，你认为哪种做法更容易被孩子接受？

A. 教育孩子要和同学搞好关系，犯了错就要道歉，跟别人发生矛盾是情商低的表现。

B. 抱着好奇的心态询问孩子事情发展经过，先不评价孩子的做法，帮助孩子去理解自己和对方的感受、需求，引导孩子提出处理矛盾的方案。

3. 你更赞同哪个家长的做法？

A. 为孩子制订超出他能力范围的计划，看看孩子的极限在哪里。

B. 和孩子一起制订计划，把计划分成多步，逐渐完成，所制订的计划是孩子跳一跳就能够得着的。

4. 孩子没有听从你的教导，做事出了差错，你觉得哪种回应方式更合理？

A. 看看，搞砸了吧！早就跟你说过不要这样，就是不听！

B. 你能自己去解决问题，很有勇气！我知道这次失败你肯定有点灰心，不过没关系，我们来看看有没有别的方法。

答案解析：

答案没有绝对的对错之分，但是我们认为每题的 B 选项是更优答案。

你可以从两个选项的对比中概括出本章涉及的一些养育方法，即当家长要求孩子有出色的人际交往能力和解决问题能力时，需要自己先做到以下几点：能够管理好自己的情绪，能够接纳孩子的情绪，能够做到心平气和地接纳孩子的失败，对孩子有合理的期待，并和孩子一起进行科学的规划。

在回答完以上问题后，请你总结自己在养育方法上的进步，并和你的家人一起完成以下家庭作业：

和家人一起做一个小游戏——我的人生巅峰。

游戏规则：

1. 画一条线代表你的一生，起点是 0。

2. 回顾过去的人生中自己最有成就感的事，给它命名，标在相应的年龄上，成就越大，标得越高。预测未来在自己身上发生的最有成就感的事，用同样的方式标注。

3. 彼此分享过去的成就是如何一步步达成的，也分享未来的成就计划如何去达成。

第四章

理论结合实践，
让家长有更多选择

【摘要】

根据已有调研结果，孩子独自完成作业问题、在校的人际关系问题和厌学问题是目前令家长最为困惑的 3 个问题。在本书的最后一章，我们分别列举 3 个真实的案例，为各位父母一一解读这些困惑背后的原因和可采取的具体方法。

【学习目标】

1. 了解孩子写作业拖拉的成因，帮助孩子克服畏难情绪，营造良好的学习环境，学习克服拖延的方法，跟孩子一起制订写作业计划。

2. 了解常见的在校人际关系问题，引导孩子建立良好的社交能力，给孩子树立良好的高情商榜样。

3. 了解孩子厌学的原因，通过提高孩子的学习兴趣、学业自我效能感和自我价值感，确立合理的学习目标，学会正确归因和释放压力，改善厌学行为。

● 第一节

孩子写作业拖拉，怎么办

为了成功地生活，少年人必须学习自立，铲除埋伏在各处的障碍。在家庭，要教养他，使他具有为人所认可的独立人格。

——卡耐基

"陪孩子写作业会犯心脏病"这个话题能引起很多家长的共鸣——陪会气出内伤，可是如果不陪，孩子自己又写不对，或者写得太慢而影响休息。针对孩子完成作业的问题，家长到底该何去何从？

一、案例

（一）个案基本情况

明明升入四年级后出现了不交作业的现象，老师把家长叫到了学校谈话。为此，妈妈批评了明明，并且取消了明明打游戏的时间。

明明写作业有严重拖延的习惯，迟迟不肯下笔。他遇到有困难的题目要思考很久，怕写错被妈妈批评，如果妈妈不在身边辅导作业，他就完不成作业。妈妈既对孩子有很高期待，又很苦恼，自己并没有那么多时间去陪孩子写作业。

离婚后，妈妈一直都是一个人照顾明明。她把所有的精力都放在了明明身上，对他寄予了全部的期望，细致入微地照顾他，导致孩子什么事都找妈妈做。每回出门都是妈妈替他把书包装好，并一路替他拿着书包，他则一遇见不舒服的事情就要跑到妈妈怀里躲起来。

（二）分析家庭成员特点

明明妈妈的教育特点：对孩子高要求，即使孩子达到某个水平，仍然有更高的要求。当孩子犯错时，对其严肃批评，甚至惩罚。妈妈独自抚养孩子很不容易，有很大的压力和焦虑感。

明明爸爸很少参与孩子的教育。

明明的行为特点：写作业自律性差，生活上和学习上过于依赖妈妈。遇到问题喜欢躲到妈妈怀抱中，没有妈妈陪伴基本完不成作业。目前写作业拖延，课堂上走神、精力不集中，被老师批评。生活中缺少爸爸的支持。

二、孩子写作业拖拉有以下 3 种类型

完成作业的意义有两点：

第一点：对学生而言，写作业起着强化、巩固、提升知识的作用。根据艾宾浩斯记忆遗忘曲线，学生及时复习巩固当天所学的知识，可以加强对知识的理解和记忆。

第二点：教师通过对学生作业的批改，及时了解学生对知识的掌握水平。

孩子写作业拖拉、磨蹭主要可以分为以下 3 种类型：激励 / 寻求刺激型、回避型、恐惧型。

（一）激励 / 寻求刺激型

这类学生会等到时间截止前的最后一刻才开始写作业。面对一定的压力，他们会更有动力，并能在其中获得某种成就感和快乐。这种成就感和快乐渐渐强化其作业拖延行为，越到最后，时间越短，他们的成就感就越大。

他们喜欢把所有的作业拖延到最后来完成，比如周末不写作业，上学前一天晚

上才补作业，甚至有可能熬夜赶作业。寒暑假更是如此，整个假期都在玩，导致临近开学才疯狂赶作业。这类学生自认为这样的写作业方式是效率最高的，因为可以在最短时间内完成大量作业，并从中得到骄傲感和自豪感。这种骄傲感和自豪感使他们养成了拖延到最后一刻才写作业的习惯。

他们能完成作业量，但质量很低，出错率高，并且没有时间做类似阅读、背诵、手工这些作业。

(二)回避型

回避型拖延的学生内心对任务是充满排斥的，想要通过各种方式避免当下的任务。

举个例子。乐乐是一个特别听话懂事的孩子，上课认真听讲，写作业时也不和同学交头接耳，很努力地写，但就是写得很慢。每每放学的时候，大部分同学都能够写完的作业，乐乐还没有完成几个问题。乐乐的成绩在班级中一直排名中下，每次完成作业对乐乐来说都很吃力。是什么原因导致的这种情况呢？这是因为他的学习能力还不能够很高效地完成当下的学习任务，而老师布置的作业任务会考虑大多数学生的学习水平，但像乐乐一样学习水平偏低的学生在完成这些任务时会有点困难。

可见作业难度偏大、作业量过多、超过学生的能力范围，都是写作业拖延的因素。

(三)恐惧型

恐惧型拖延的学生是出于对失败和挫折的恐惧而采用拖延、逃避的态度来对待作业。

恐惧型拖延可以分为两类：

一类是过度担心失败的学生，他们过分在意结果、考试成绩和他人的评价。这类学生在学习中受到的挫败、打击比较多，使得他们对学习产生恐惧，对自己失去信心，因而选择逃避。

另一类是追求完美的学生。这类学生的成绩很不错，但是对于学习会有更高的追求，往往非常努力刻苦，所以背负很大的学习压力和学习焦虑感，会因为学习上的焦虑情绪而拖延。

孩子越小越在意结果与对错，他们不懂得如何面对失败和挫折，不懂得向父母表达那份压力和焦虑的情绪，在不断遭受挫折和失败后，孩子就会用逃避、拖延的方式做出回应。

三、影响孩子写作业拖拉的因素

（一）内部因素

1. 身心发展局限

（1）身体的发展是学习的根基。孩子如果视听觉发育、平衡觉发展、手和胳膊肌肉运动能力受限，会导致他在写作业时出现以下常见的肢体行为及表现：写字速度慢、容易出格，写字用力，坐姿扭曲，写完字胳膊酸疼；阅读时跳字、漏字、跳行等。

（2）注意力发展不充足。一般来说，7～10岁学生的注意力保持时间为15～20分钟，10～12岁学生的注意力保持时间为25～30分钟，12岁以上学生可以保持30分钟以上。小学低年级学生对具体事物更容易保持注意力，对于抽象的算式、定义就容易分散注意力，注意力的分散会导致延迟完成作业。

注意力分配和转移能力较弱。注意力分配难表现为眼睛、耳朵、手、大脑的协调度不够。如果一项任务既需要动手，又需要分配听力，对孩子来说就很难。注意力转移难表现为一旦沉迷某一活动，就很难转移到其他活动上，即便孩子在做一件事，可他的一部分精力还在上一个活动上。

（3）对自我认识不足，包括对自己身体状态、心理状态、人际关系等认识比较片面，更多地看自己的优点而不看缺点，看事情的表面而不能深入事情的本质。比如"我感觉我能写完"就是对自己认识不全面的体现。

2. 畏难情绪

畏难情绪是容易被家长忽视且同时对学生影响很大的因素。畏难情绪是恐惧困

难的一种心理状态，是一种消极的情绪，具有破坏性和干扰性。

孩子在学习上的畏难情绪，主要表现是不接受失败，害怕犯错，遇到难题采取退缩、躲避、迂回的态度，越是害怕失败、越是放大失败带来的后果。

美国心理学家简·博克认为："拖延，既不是恶习，也不是品行问题，而是由于恐惧引起的一种心理综合征。"在学习上表现为：太在意外在的评价，注重考试成绩而非过程，不知道自己是否可以成功。因为担心失败会被认为能力不足，所以不会主动寻求表现，而是避免表现，于是拖拖拉拉。

有的孩子对自己设定的目标太高，短时间内无法达到，也会产生畏难情绪。

（二）外部因素

1. 作业量过多

作业太多，会导致孩子的拖拉。家长可以在家长群里关注一下，是否其他同学也比较晚完成作业，如果班级中很多同学都很晚完成作业的话，有可能是学校布置的作业太多了，家长就要和老师提建议，以保证孩子的正常睡眠时间。有研究发现，睡眠不足也是导致小学生写作业拖延的原因之一。

2. 家庭教育

（1）过度保护

仍然有很多家庭会对孩子过度保护和溺爱，包办孩子的成长，以至于孩子失去独立的机会和能力发展的时机。孩子衣来伸手、饭来张口，对自己的事情都没有参与感，长期下来便养成了依赖心理。有的家庭生了二胎，家长的视线会更多地关注小宝宝，而忽视了老大，如果老大做事依赖家长，没有养成自觉性，他就只能拖延了。

（2）关注不当

有的家长过于关注孩子的成绩，关注点放在挑选各种补习班，增加额外作业、课外习题上，这些做法不仅增加了孩子学业负担，还忽视了孩子的身心健康，更是消磨了孩子对学习的兴趣和主动探索的动力。

（3）忽视孩子的成长

父母忙于工作，为孩子提供良好的物质条件，但是缺少陪伴孩子的时间，孩子感受不到家庭氛围。孩子在这样的家庭里会忽视学习的重要性，缺乏学习兴趣和热情，选择沉溺游戏。这一类型家长与孩子的沟通少，而且总是用命令和批评的语气指责孩子。

（4）学习时间和场所不固定

孩子学习的场所和时间如果不固定，也不利于孩子养成良好的学习习惯。比如今天在桌子上写作业，明天在沙发上写作业。

四、和孩子一起面对作业拖拉问题

（一）分析孩子的拖延原因

我们回到明明的案例，分析一下明明写作业拖拉的类型和原因：他的拖延类型偏向回避型和恐惧型，拖延原因主要有作业难度大且量多、妈妈严厉的教育方式、学习中的畏难情绪、爸爸的忽视。

作业难度大、作业量多：明明升入四年级，课外提升班对他而言难度很大，他常被作业消耗大部分学习精力，而且他知道当天的作业写完后，妈妈会考查提升班的辅导内容，于是写作业的速度也会下意识地减慢。因为作业好像永远也写不完，长期下来他就产生了厌学的情绪。

妈妈严厉的教育方式：妈妈为明明做提升班辅导内容的巩固和复习，开始时明明回答准确率很高，甚至比妈妈回答的速度还要快，这说明他这方面的能力是比较高的。但由于妈妈对他抱有更高的期待和要求，他的表现越来越差，最后甚至要闭着眼睛才能回答妈妈的问题。他越是这样，妈妈越怒其不争，忽视了孩子已经取得的成绩。

畏难情绪：妈妈过度的期待给明明很大的压力和焦虑感。可是，他越是在意妈妈的评价，就越会在一道题上花很多时间思考，迟迟不肯下笔，因而写作业的时间就变得更长。加上妈妈和老师的批评，以及一直累积在内心的挫败感，明明渐渐对学习产生畏难情绪，失去了学习兴趣。

（二）对家长的建议

我们在本书第一章阐述了家长如何理解孩子的逆反行为，提倡基于理解孩子，接纳孩子的情绪和行为。在第二章阐述了高情商父母如何培养高情商孩子，指出只有父母先做到高情商，孩子才有可以模仿的榜样。在第三章阐述了当孩子面对困境时，家长如何陪伴孩子一起解决问题。结合以上学习内容，针对明明作业拖延的行为，我们给家长提出了以下建议。

1. 家长先处理自己的情绪

面对孩子出现的问题，家长需要先做到觉察自己的情绪和感受，先处理自己的情绪，平静下来再和孩子沟通。

妈妈在工作和生活中都有比较大的压力，平时不注意就会把情绪发泄到孩子身上。她对明明没完成作业、拖延的反应大多是愤怒、批评，孩子就接收了这份情绪，感受到妈妈的焦虑和压力，他的内心也是不安的。当妈妈开始觉察自己的情绪，给自己一份安全感时，她便能收回自己的焦虑感，看到孩子问题的解决方向。

爸爸对明明的教育是极少的，这样一方面加大了妈妈的压力，另一方面孩子因为缺乏和父亲的情感连接，内在力量感不足，过度依赖妈妈。可以让爸爸在周末带孩子，缓解妈妈的工作量。爸爸可以和孩子做一下挑战类项目、拓展训练活动或户外活动。爸爸作为支持者的角色，在玩乐中陪伴孩子克服困难，并及时给予肯定和鼓励，建立孩子的自信心。

2. 营造良好的学习环境

（1）优化作业量，考虑作业难度

关注孩子的作业完成情况，还要关注学校的作业量和作业难度是否合理，每个老师都布置一点任务，加起来任务就重。学校的作业往往贴合大多数学生的学习水平，容易忽视学习水平低的孩子，题目难度过大时，需要家长和老师反馈，或者家长着重辅导。

同样，孩子的课外补习难度应适合孩子的学习水平，否则会加重孩子的挫败感。补习班不是报得越多越好，而是要在保证孩子的精力充沛和睡眠时间充足的情况下，让孩子有能力应对，增加孩子的学习信心。

（2）让孩子自主决定剩余时间

和孩子制订学习计划后，如果孩子在规定时间内完成了作业，家长需要将剩余时间交给孩子自己管理。如果孩子做完学校作业，家长就添加其他额外作业，孩子就会感觉作业好像永远做不完，时间一长就会磨洋工，消极对抗。

（3）学习场所固定，减少外界干扰

给孩子安排固定的场所和时间写作业，是避免拖延的良好策略，可以培养孩子的秩序感。

尽量控制写作业区域的噪音，尤其控制电视机声音对孩子的影响。保持桌面整洁、简单布置，在孩子写作业区域避免过度装饰，减少游戏玩具等容易吸引孩子注意力的物品。

3. 处理孩子的畏难情绪

（1）减少呵斥，放弃争执

倾听、理解孩子当下的现状，接纳他的感受和情绪，接受暂时的拖延、作业没完成的现象。

（2）帮助孩子树立正确的学习认知，培养积极的情绪

在认知层面，帮助孩子认识到学习的目的并不是为了一纸成绩，而在于培养能力，作业只是辅助学习的一种手段。小学生往往过于在乎成绩，一旦成绩下降或者不突出，孩子的自尊心和学习的积极性很容易受打击，孩子会忽视了学习带给自己的成长和进步。

在感受和情绪层面，引导孩子接受自己的情绪和目前的学习状态，关注自己能力提升的积极方面，勇于接受失败和挫折。让孩子谈谈自己对写作业的感受，说说在写作业的过程中具体遇到哪些困难，需要父母如何支持和配合。

4. 和孩子一起策划，制订写作业计划

运用第三章第五节"分步计划"的方法：

第一，制定有效的目标。关注目标有效的原则和要素。家长和孩子一起讨论，

制定双方都同意的写作业目标，把各自的想法和做法都写下来，挑出哪些是双方都接受的，哪些是不接受的，平等协商。

第二，制定实现目标的具体步骤。将目标细切，把大目标分解为一个个可操作的小目标。在目标实现过程中，引导孩子善于使用学习工具，提升学习效率。

第三，考虑实施过程中会遇到的阻碍，做好时间安排。

第四，及时调整计划。计划不是一成不变的，要看是否符合现实的执行情况。如果在计划执行的过程中，出现了障碍并且始终克服不了，可能就需要父母和孩子调整计划，制定新的目标。

5. 利用番茄工作法，制作作业计划表

具体操作步骤如下。

第一步：列出作业计划表。

在表格中列出今日作业任务；评估每科作业完成所需时间；给作业排序（一般按照先难后易的写作业原则），将排好的序号填入表格。

作业计划表			
科目	作业内容	所需时间	顺序
数学			
语文			
英语			
其他			

第二步：作业前准备。

因为孩子的注意力分配能力还比较弱，而从写作业开始，一直到一个环节结束，都需要保持写作业的专注力，所以写作业前的准备工作很重要。准备充足后，写作业过程中就不再做这些事项，例如吃水果、喝水、上厕所、准备文具、课本、作业本、计时器等。

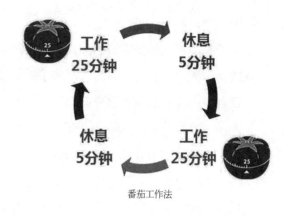
番茄工作法

第三步：用番茄工作法帮助进行时间管理。

番茄工作法由弗朗西斯科·西里洛于 1992 年创立，是一种简单易行的时间管理方法。

使用方法：根据孩子的注意力稳定水平设置时间，如 11 岁孩子的专注力时长为 25 分钟，那么 25 分钟就是一个番茄时间，可以设置闹钟计时。在这段时间内，要保证孩子专注写作业，中途不允许做任何与写作业无关的事，最好只做一件事，如读书或者计算，直到计时闹钟响起，孩子可以短暂休息 5 分钟，之后再次开始下一个番茄时间的专注学习。如此循环，每经历 4 个番茄时间休息 20 分钟。

番茄工作法能帮助孩子高效写作业，开心学习。这不仅是对孩子的时间管理，更是对孩子的精力管理。不仅仅是学了 25 分钟，更是高效学习了 25 分钟。使用番茄工作法时尽量不要打断这个过程，因此第二步（做好准备）在进行计时之前就要完成。

第四步：检查作业，及时反馈。

家长检查作业的重点在于引导孩子自己检查作业，发现问题并改正。这过程中家长不是去挑剔孩子的错，而是去关注孩子的积极一面，发现孩子做得精彩的地方，及时给予鼓励与肯定，培养孩子检查作业的美好感觉，让他渐渐养成自己检查作业的习惯。

第五步：家长签字。

家长签字不仅仅是指签名字，更要用书面形式和孩子沟通，一方面是对今日作业完成情况做总结，另一方面是把孩子的积极表现用文字形式记录下来。

第六步：收拾书包、整理桌面。

让孩子养成写完作业整理桌面和书本的习惯，培养自我管理意识。同时，整理好书包，第二天上学就不会丢三落四。

帮助孩子建立良好的写作业习惯，需要一个过程。首先，家长需要掌握孩子当下写作业的状态，了解孩子遇到的问题，并掌握解决问题的有效方法。本节针对写作业拖延的分析和解决方法可供家长参考，针对孩子不同的情况灵活应用。

五、总结与家庭作业

(一)总结

本节中，我们认识了孩子写作业拖延的 3 种类型及影响拖延的内、外部因素。针对问题产生的原因，我们提出了针对性建议和方法供家长参考。陪伴孩子写作业没有统一的做法，培养孩子独立完成作业是一个漫长的过程，我们需要一层一层、抽丝剥茧地协助孩子解决每一个环节中可能出现的问题，做孩子最有力的支持者。

(二)家庭作业

1. 思考一下，你的孩子当前作业完成情况如何？

2. 如果孩子在写作业上表现拖拉，你认为孩子的拖延类型是哪一种？

3. 孩子拖延的内部因素是什么？

4. 孩子拖延的外部因素是什么？

_____

5. 孩子是否在其他事情上表现出拖延，可能的因素有哪些？

_____

6. 针对孩子的拖延，你的计划是什么？

_____

7. 请将写作业计划的详细制订过程记录在下方。

月　日作业计划表			
科目	作业内容	所需时间	顺序

第一步：

_____

第二步：_____

第三步：_____

第四步：_____

第五步：_____

第六步：_____

◐ 第二节

孩子出现人际交往问题，怎么办

问题不在于教孩子各种学问，而在于培养他有爱好学问的兴趣，而且在这种兴趣充分成长起来的时候，教他以研究学问的方法。

——卢梭

人际关系是学龄期孩子必须面对的一关。孩子到了学校后，随着环境的改变，他需要适应与家庭之外的人的交往。如果交往过程中出现意见分歧，甚至孩子被孤立、被欺凌，这该如何处理？人际关系可大可小，孩子必须经历与同伴群体之间的摩擦才能真正融入群体，而人际关系处理不当甚至会影响孩子今后的生活质量。接下来，我们通过一个具体的案例来解析如何处理儿童人际交往的相关问题。

一、案例

（一）个案基本情况

小广，男，13岁，初一学生，身体状况良好，个头比同龄人小，学习成绩不错。但小广和同学间的关系怎么都处理不好，班里同学一起玩游戏总不主动带他一起，同学们带来零食也不主动分给他。小广试着主动参与大家的活动，同学们也并不排

斥，但玩了一会儿就会对他表现出不耐烦的情绪。另外，班上有两个大个子男生，有时候会欺负他。

（二）个案家庭情况

小广的父亲是退伍军人，目前在某公司工作；母亲是老师。父母两人工作都比较忙，也都是急性子，容易把工作上的情绪带回家，以此导致夫妻之间总是吵架。父母对小广非常严厉，家庭规则较多，打骂较多，温情较少。

（三）背景资料

经班主任观察，小广平时很乖，但总是和班上其他孩子格格不入。于是，班主任老师联系到小广的父母，建议他们为孩子的身心健康去做一下亲子咨询。开始时小广的父母是不愿意的，经班主任再三劝导，才最终走进了咨询室。

首诊咨询时，咨询师邀请父母和孩子共同在场，从咨询过程中可以观察到，小广是比较害怕父母的，总是低着头，双手紧握像做错事一样。由于小广父亲是退伍军人，给人的感觉非常严肃和严厉，连咨询师也不自觉担心自己会说错话。而小广母亲对小广的要求比较多，在咨询中小广每做出一言一行之前都要先看母亲一眼求得确认。整个咨询过程中，父母之间的交流非常少，也给了咨询师一种紧张感，而在家庭治疗中，咨询师的感受也确实是因家庭氛围而产生的真实感受。

问起小广在校的情况，他表示平时不知道为什么，大家总是有意无意地忽略他，比如别人讲笑话大家都很爱听，于是他也学讲笑话，可是没人愿意听。而且班上有两个同学经常欺负他，总是在他面前突然伸手装作要打他的样子，每次都会吓得小广抱头蹲下，而那两个同学就会哈哈大笑。为此小广觉得很痛苦，不明白为什么自己在家要被父母打骂，在学校要被同学吓唬。他说怕自己做错，可是好像总是做错，但又不知道自己到底做错了什么。

从小广的案例里可以看出，孩子的在校表现和家庭环境有着密不可分的关系。人际关系行为学派的心理学家沙利文和米切尔提出，人对外在关系的表现是源于其对内在关系的体验，而内在关系是在家庭中建构出的。也就是说，在和父母的相处中，孩子内化了"自己是一个什么样的人"的概念，内化了与人相处的模式，然后就会拿这些熟悉的模式去对外互动，而外在的反应也会一次次强化他的体验。

在家庭中，父母和小广的互动都比较消极。小广在父母面前只有小心翼翼才能保证不挨骂，这是他在家庭中习得的模式，自然会带到与同学的相处之中去；而且父母之间也缺乏沟通，没有教会小广正确的人际相处方式，于是小广在同学面前展现的是一个胆怯、懦弱、小心翼翼的形象。十几岁的孩子们正处于青春迸发、阳光、积极的年纪，也更愿意和拥有正能量、健康向上的同学交往，对小广这样的同学，大家很容易忽视他，甚至欺负他。

在学生中，越是阳光满满的同学越能获得大家的认可，班上总是哭丧着脸的同学则容易被大家嘲笑。这就是内在关系的投射，内在关系认为自己在父母面前总是容易犯错，所以外在就总是表现为懦弱小心，遇到问题就躲避，反而容易受人欺凌。当然，小广有他自己的原因，欺负他的那些同学也有他们的问题，这也是所谓的"正能量吸引正能量，而负能量总吸引倒霉事"的表现。

二、常见的在校人际关系问题

像小广这样的案例并不在少数，有的家长会认为孩子只要学习好就可以了，复杂的人际关系等到孩子长大才需要处理。而实际上，孩子在校的人际压力并不比学习压力小，因为人是群居动物，成年人所遇到的人际竞争与关系压力，同样也会困扰孩子。在一个团体中，如果和同学们相处不融洽，会使孩子自信受损，因此很多孩子因为人际关系的压力也会变得无心学习。也有一些孩子在面对人际问题时依然能维持良好的成绩，但这种情况是他们压抑了对人际的渴望，付出了屏蔽情绪、情感的代价才能做到的，并且这些孩子长大后会发现自己不管在哪里，都难以处理好人际关系。其实，小广能维持还不错的成绩，是他用自己的方式合理化和压抑了自己的很多需求的结果，所以在后续咨询中也很明显地感受到小广的压抑。

下面列举几种常见的孩子人际关系问题及产生的原因。

(一)常用打架解决问题

有些孩子在学校遇到问题第一时间想到的不是沟通解决、寻求帮助，而是大打出手，经常以制服对方为手段来解决问题，家长也因此常常被老师叫去谈话。

这类孩子一般都是性格刚、脾气急，缺乏柔软和共情能力。究其原因，很可能是家庭重要成员中有脾气暴躁的人，在家解决问题靠吼，做事比较简单粗暴，教育孩子也靠打，时间一长，这种武力解决问题的方式会被孩子习得，而当因害怕而屈服时更会强化孩子的这种解决问题的方式。

还有些孩子在学校和同学打架是由于踢猫效应。踢猫效应是指对弱于自己或者等级低于自己的对象发泄不满情绪而产生的连锁反应。在家里父母将情绪发泄在孩子身上，孩子无力还手，但他会认同这种方式，同时认为弱者是可以被打的，于是在学校欺负比自己更弱的对象。

(二)性格胆小孤僻、不善交往

这类孩子分两种情况。第一种是从小被保护得太好，很可能父母比较忙，让长辈照顾。老人带孩子一方面疼孩子，另一方面怕自己出错没照顾好孩子的话没办法跟其父母交代，于是会十二分上心，从小对孩子保护过度。比如孩子和其他小朋友玩时，一定要看着甚至盯着孩子。长此以往，孩子失去了自主探索的能力，性格也比较胆小，等到了上学年纪，一天中大部分时间在学校都表现孤僻。其实孩子不是不想社交，而是没有了家长的保护后不知道该怎么做。

第二种是父母过度限制型。家庭成员对孩子只有限制，没有引导，被限制的孩子知道什么是不能做的，但不知道什么是可以做的。孩子等于被父母的限制牢牢困住，在学校这种公共场合中会更加胆小怯懦，这种情况和小广的类似。

以上两种情况的孩子有一个共同特点——他们内心是渴望交往的，只是行为上不善于交往。

(三)经常被欺负和嘲笑，导致对人际关系产生恐惧

这种情况就是案例中小广这类孩子所面临的人际交往问题。家庭成员经常拿孩子开玩笑，只关注孩子的缺点，并不告诉孩子如何做是对的，经常将自己的负面情

绪发泄在孩子身上。对家中模式的习惯会进一步导致孩子在学校里变成了别人的出气筒，成为大家贬损的对象。虽然不舒服，但孩子因为无力反抗，只能默默承受，最后换来的是其他孩子变本加厉的欺负和嘲笑。

三、如何引导孩子建立社交能力

家长除了要注意营造良好的家庭氛围，让孩子有一个身心健康发展的空间，也要教给孩子一些方法。我们在第三章第二节开端提过，和谐的人际关系必须具备3个因素：彼此的关注、共同的积极情绪和一致性或同步性。据此，父母可以带领孩子有意识地练习以下内容。

（一）引导并激发孩子的同理心

孩子跟父母讲述在校情况，尤其是受委屈时，父母不要只是安慰孩子，可以引导孩子想一想对方当时的想法可能是什么，为什么会那样想，对方语言表达的背后代表着什么。孩子看待事情比较平面化，比如小广只看到同学欺负他，但一开始同学有可能是想跟他玩，如果是活泼的孩子可能就在打闹玩耍中建立了友谊，而小广则会将之解读成欺负，反而会阻碍友谊的发展，所以成年人要用自己的阅历给孩子积极正面的解读，促进孩子对他人的理解。但父母须避免恶意揣测孩子的同学，这不仅对孩子的情商培养没有帮助，还会给孩子传递很多负能量。另外，如果家庭成员在日常沟通中争吵、发脾气，过后不要选择逃避，而是要冷静下来向家人解释发火的原因，这也是让孩子学习与他人共情的开始。

（二）解读自己的需要并学会如何达成自己的需要

家长告诉孩子要直面自己的需求，但达到目标的行为是多种多样的，并且要注意避免伤害他人。比如为了得到某样东西而打架，打架这样的行为就是不可取的。

家长需要教孩子如何礼貌地与他人沟通，比如在本节案例中，可以让小广主动积极地提出和大家一起做游戏、一起学习以增进彼此之间的感情，并教小广学习赞美和鼓励他人。因为小广从小缺乏父母对他的认可，所以他没有赞美别人的

意识，而人人都愿意和喜欢自己的人在一起，因此学习赞美他人能帮助他提升人际关系。

另外，家长还可以培养小广学会与人分享的方法，如分享零食、玩具和书籍，同时不过度，这也是孩子处理人际关系的好方法。

（三）培养孩子考虑后果的能力

对于爱打架的孩子来说，他们打架的起因多数是大人看上去你争我抢的小事，但对孩子来说那一刻争的不仅是东西，还是自己的自尊心。家长可以引导孩子去考虑行为的后果：自尊心不是靠抢的，而是要通过其他小朋友对自己的友爱和认可来获得尊重，打架只会破坏这种友爱关系，而用更文明的方式去解决问题才是获得他人的尊重的方法。家长要带领孩子多思考行为与后果的关系，看看用哪一种方法才能够满足孩子自己和对方的需要。

（四）过程中父母注意始终保持良好情绪

父母多关注孩子的积极方面，引导孩子获得习得性乐观。在人际关系方面，父母只是陪伴和引导孩子，而非干涉、指责。本节案例中，小广在学校受到朋友的排挤和欺负，已经手足无措，需要父母的帮助，而父母把工作中的情绪带到家里，对孩子的求助进行一番说教和责骂，这种双重打击让小广越来越逃避问题，也变得越来越胆小怯懦。所以，当小广向父母诉说自己在校的不愉快经历时，父母需要尽量克制自己的情绪，同时注意不把外面的情绪带回家发泄到孩子身上。

四、父母需要注意的方面

（一）不轻视孩子的校内人际关系问题

当孩子向父母讲自己的校内人际关系和遇到的问题时，要么是对父母非常信任，要么是因为自己无法解决，鼓足勇气讲给父母听。所以当孩子遇到问题寻求帮助时，父母一定要做孩子坚强的后盾并给予及时的支持，必要的时候可以联系老师，让孩子感受到父母带来的安全感，而非孤立无援。尤其当老师主动联系家长时，家长可以考虑带孩子做一下家庭咨询，夫妻两人共同帮助孩子成长，以免在孩子成长可塑期忽视问题，否则等到他长大成人后，要改已是难上加难。

（二）给孩子做一个高情商的好榜样

高情商父母能控制自己的情绪，接纳自己的失败，并接纳孩子的情绪。家庭成员和谐相处，孩子就能和别人和谐相处。另外，父母和亲戚朋友的相处方式也是孩子的榜样，所以提升父母自己的相处能力也非常重要。从小广的案例中能感受到，父母给人带来的紧张感和压抑感是小广在人际交往中无法正常表达自己、难以和他人进行情感互动的重要原因。

（三）以防小题大做

校园霸凌事件频发，家长需要有防范意识，关注孩子人际关系，学习解决之道。但孩子往往有自己处理问题的方式，家长无须太过紧张。比如有的孩子平时人际关系挺不错，偶尔打一次架或者被孤立都是非常正常的事情，毕竟谁的童年没有磕磕碰碰，这种偶然的小概率事件也正好是孩子成长中的意外彩蛋。这时引导孩子自己解决问题也有助于培养他的情商，切莫因为一次偶然事件过度焦虑、过分解读，找学校、找对方家长，反而会让孩子的人际关系变得难以处理。

五、总结与家庭作业

（一）总结

本节通过案例分析，首先系统学习了孩子在校常见的人际关系问题，主要包括：常用打架解决问题，本身性格胆小孤僻、不善交往，经常被欺负和嘲笑而导致对人际关系产生恐惧。接着，家长通过引导和激发孩子的同理心，让孩子看到自己的需求并通过有效途径满足自己的需求，同时培养孩子考虑后果的能力。在这个过程中父母需要始终保持良好的情绪，协助孩子建立和发展社交能力。最后，面对孩子的人际交往，父母既不要过于轻视，也无须过分担心、小题大做，而是要给孩子树立一个高情商的好榜样，游刃有余地处理自己的人际关系。

（二）家庭作业

请你用本节学到的方法给小广一家做一份改变方案。

1. 小广人际交往的问题是什么？

_____

2. 问题产生的原因有哪些？

（1）_____

（2）_____

（3）_____

3. 父母的解决处理方法。

（1）引导并激发孩子的同理心，父母可以这样说：

_____

（2）解读孩子和对方的需要，父母可以这样说：

_____

（3）培养孩子考虑后果的能力，孩子解决问题的方法是：

解决方法一：_____

结果一：_____

解决方法二：_____

结果二：_____

解决方法三：_____

结果三：_____

（4）父母保持良好情绪，可以这样说：

_____

第三节

孩子厌学了，怎么办

每个人自己都是一个海岛。只有他首先乐意成为自己并得到容许成为他自己，他才能够同其他的海岛搭起桥梁。

——卡尔·罗杰斯

随着年龄的增长，孩子的学习压力越来越大，学习也会越来越吃力，但毕竟学习是孩子的事情，尽管家长会焦虑，希望做一些事情来给孩子提供哪怕一点点的帮助，最后的结果却往往差强人意。争吵、愤怒、无助萦绕在家长和孩子之间，彼此痛苦却也不知如何处理。希望本节案例能给家长一些思考，给孩子一些帮助。

一、案例

（一）个案基本情况

小辉的妈妈在育儿过程中非常无助，曾经的她说话轻声细语，可自从有孩子后脾气越来越暴躁。为了家庭和孩子她付出了无数时间和精力，可是孩子根本不理解她的苦心，每天动不动就对她发脾气，甚至嚎啕大哭，让她毫无办法。更让她难以接受的是，刚刚上中学的小辉已经开始厌学了。

每天早上小辉都会因为抗拒上学而大发脾气，为了让他乖乖走出家门去学校，全家人不得不一起出动：妈妈负责给小辉收拾书包，爸爸负责严厉训斥，最后由姥姥把小辉护送到学校。可即便是三个人一起分工合作，每天早上家里仍然是鸡飞狗跳。

对于小辉的父母来说，每天都是一场全新的战斗。一家人好不容易把小辉送到学校，之后往往会接到老师的投诉，原因是小辉在学校经常和同学发生冲突，上课不注意听讲，学习成绩差，经常受到老师批评。小辉觉得学校里没有人喜欢他，他也不喜欢学校里的任何人。

孩子厌学，即使在学校也不好好学习，这让小辉的父母十分焦虑。他们用尽各种办法，但都收效甚微。最初妈妈还耐心地教育小辉，告诉他上学的重要性，常常向孩子许诺：如果这次考试取得好成绩，就给他买最喜欢的玩具；如果这周他愿意上学，周末就给他买新手机。但这种奖励对孩子基本无效，即便他当下答应，第二天早上仍然会突然反悔。每当这种时候，必须要爸爸出面狠狠教训小辉，他才肯听话，可是就算去了学校也没办法让他好好学习。

老师曾多次对他们的教养方式提出建议，但是夫妻俩对孩子教育理念一直不能统一。在爸爸看来，小辉之所以厌学，都是因为妈妈和姥姥太溺爱，所以需要采取更为严格的管理方式，可是自己每次教训孩子都被姥姥拦住。而在妈妈看来，正确的方式应该是跟孩子好好讲道理，过于严厉并没有效果。为此夫妻俩总是争执不休。随着孩子问题越来越严重，夫妻俩的吵架次数也越来越频繁，甚至很多次争吵都是以小辉大声尖叫而结束。

（二）个案家庭情况

1. 妈妈的特点

（1）包办孩子的所有事务，包括收拾书包、整理房间等琐碎小事。

（2）逐渐失去耐心而难以控制情绪，脾气愈加暴躁。

（3）以孩子为中心，没有自己的兴趣和娱乐活动。

（4）不同意严厉管教孩子，却没有更好的管教方法。

（5）制定规则时不考虑孩子的可执行性和奖励措施的有效性。

2. 爸爸的特点

（1）情商低，不注重情绪管理，如争吵时情绪过于激烈，不能分辨与接纳情绪。

（2）把训斥等同于教导，不引导，不想办法解决问题，把责任都扔给孩子一个人。

（3）不尊重家人的付出，以偏概全。

（4）执行规则时过于强硬。

3. 小辉的特点

（1）难以控制情绪，通过发脾气表达自己的一切想法。

（2）情商较低，人际关系不良，常和同学发生冲突。

（3）缺乏学习能力和自我管理能力。

（4）过于依赖妈妈和姥姥，缺乏独立解决问题的经验，缺乏耐心。

4. 夫妻二人的共同特点

（1）教育理念不一致，难以相互尊重。

（2）都有频繁的情绪失控。

（3）二人都已经形成刻板的应对问题的方式：妈妈哄骗，爸爸严厉训斥。

（4）二人都看不到孩子的优势。

以上情况的交互影响，导致小辉在家里没有习得良好的行为习惯，在学校自然也不能养成好的学习习惯，再加上人际关系差，自然就产生了厌学情绪。

二、厌学

（一）厌学心理

厌学心理一般表现为对新环境、新学习方法、新教学内容不适应，学习情绪消极，学习态度不端正，上课期间注意力不集中，等等。

小学生出现厌学心理时会表现出强烈的被动状态，即使在家长和老师的监督下，

也无法把注意力放在学习上，自主学习时非常吃力，学习兴趣低下。由于有些家长和老师不注意和孩子沟通的方式，学生为了避免受到批评，在课堂上不敢回答问题，有不懂的地方也不敢问，被动地完成学习任务，因此导致部分厌学的学生采取抄袭的手段来应付老师和家长，甚至选择用翘课、逃学和撒谎的方式来逃避学习。

中学生厌学一般表现为上课走神、做小动作、传纸条、打瞌睡、不及时完成作业、沉溺于网络游戏、结交朋友等，对待学习总是采取逃避、放弃的消极态度。这一现象是由社会、学校、家庭等各方面综合因素导致的。

（二）厌学的原因

1. 孩子自身原因

有的孩子专注力差，跟不上老师的课堂节奏；有的孩子生活作息规律不好，管理不好自己的作息时间；还有的孩子找不到适合自己的学习方法，对自己的学习能力产生怀疑，由此产生厌学情绪。另外，一些孩子由于基础差、底子薄，渐渐开始自暴自弃，再遇到同学排挤，就更难融入到班级里。慢慢地，他们就变得性格孤僻、唯我独尊，沟通能力也受到影响。

2. 家庭因素

在家庭中，有的父母对孩子的期望过高，难以理解、接纳孩子的失败，不能与孩子一起面对和解决问题，更不能耐心地培养孩子独立解决问题的能力；有的家庭成员之间不能和睦相处，导致孩子的精神无法集中，总是焦虑不安，担心父母的关系破裂，在学校根本无法集中精神学习，更别谈爱上学习了。

三、厌学的孩子应该怎么做

（一）提高学习兴趣

厌学的孩子为寻求精神慰藉，常常会沉溺于网络小说、游戏中，无心学习。这时，孩子需要知道迷恋于这些东西只能获得暂时的感官刺激和愉悦。但长期来看，他的内心是空虚的，这种空虚很容易遭到周围不良环境的侵袭。而填补空虚的最好方式就是通过自我管理，利用好奇心驱使自己遨游于知识的海洋之中。通过学习，孩子可以回答生活中碰到的形形色色的问题，还可以通过各种实践活动丰富自己的经验，慢慢培养自己的学习兴趣。

（二）提高学业自我效能感

学业自我效能感是指学习能力信念，是学生对控制自己学习行为和学习能力的一种主观判断，是学生在应对特定学业问题时，对自己的能力及从事相应学习活动可能达到的完善程度的评价，反映了学生对自己学习能力的自信程度。学业自我效能感会影响学生的学习努力程度。学业自我效能感高的学生会将挑战性任务视为成长的机会，在遇到困难时也能坚持学习而非放弃。

厌学的孩子一般学业自我效能感比较低，因此要善于发现自己的闪光点，从一些微小的进步上体验到成功的快乐，慢慢地提高学业自我效能感，激发学习动机。另外，还可以通过观察他人的替代性经验来提高学业自我效能感，尤其在看到与自己能力相似的人取得成功时，更能促进学业自我效能感的提高，这其实就是他人学习成绩进步带来的示范作用。

（三）提高自我价值感

自我价值感是指个体认为自己的存在是对社会有用的。厌学孩子的自我价值感比较低，没有看到自己存在的价值，因此孩子要提高自我价值感才能培养和激发自己的学习动机，摆脱厌学困境。要提高自我价值感就要从自尊开始，要有意识地化解隐藏在内心深处的那份自卑，接纳自己的缺点和真实现状，不被自卑带来的消极情绪淹没，遇到困难就事论事，疏导情绪，理智先行。同时，可以尝试制订科学的学习计划或使用更好的学习方法，如番茄工作法，来帮助自己有规划地实现阶段性目标，提高自我价值感。

（四）确定合理的学习目标

学习目标是人生目标的重要组成部分，一旦确定后可提高孩子学习的专注力，成为茫茫大海中指明学习方向的灯塔。厌学的孩子一般会因为原有的学习目标未完成而体验到挫败感，因此孩子要学会调整自己的目标。

首先，要确定合适自己的目标。过低的目标即使完成，也感受不到成功的喜悦，会觉得厌倦无趣；但过高的目标与自己已有的水平相差太远，孩子常常会半途而废，甚至产生挫败感或焦虑感。因此，确定适合自己水平的学习目标有助于学习动机的培养和提高。

其次，学习目标要明确。因为目标明确后，自己心中会期待一个好的成果，学习起来就觉得有意义，自然学习动机会提高。

最后，要学会把大的目标分解成一个个现实可行的、容易达到的小目标，不断累积成功的体验，积累自己完成目标的信心。

（五）学会正确归因

厌学的孩子一般不能将自己学习成绩不良正确归因，有的过分强调外因，为自己寻找借口；有的过分强调内因，形成自卑心理。而正确的归因可以培养和激发孩子自己的学习动机。

面对自己不良的学习成绩，一方面，要看到自身的主观努力不够，正视自己身上存在的真正问题，不把失败推脱到情境和坏运气等外在因素上，更不要养成一种"蒙混过关"和"推卸责任"的不良心态，否则自己就不能找到失败的真正原因，更不愿意改变自己的学习态度与学习方法，也就不能取得真正的进步；另一方面，尊重事实，适当关注外在因素，有时候不妨给自己一个"小小的借口"，缓解过分紧张的情绪，避免给自己带来过大的心理压力与情绪障碍，给自己一个心理上的支撑，重新找回自信，从失败中看到前进的动力。这两种归因原则的联合使用，有利于培养和激发学习动机，调整和改进自己的学习方法，促使自己持之以恒地加倍努力学习。

（六）学会释放压力

要学会合理发泄，释放压力。一方面多与家人、老师、朋友、同学交流沟通；另一方面放松心态，鼓励自己努力学习，与过去的自己进行比较，而不是与别人作比较，多去品尝学习带来的乐趣，自信感就会增加。

四、孩子厌学，家长怎么做

在前面的章节中，我们已经向大家介绍了很多种方法，那么我们就用之前所学的方法来帮助小辉的家人一起确定改变的方向。

(一) 学会管理情绪，做高情商父母

1. 养成习惯，及时控制

我们在前面的章节中已经学习了及时管理情绪的方法。在情绪来临的当下，可以使用一些小的方法，如腹式呼吸法，及时、快速地让自己平静下来，觉察自己的情绪，舒缓消极情绪，调动积极情绪，得体大方地解决眼前的问题。

同时，也要养成固定的良好习惯，给自己一个独处的空间和时间，运用系统的方法，比如正念认知疗法、情绪聚焦疗法等，让自己和难受的事情在一起，接纳自己的情绪，接纳自己不满意的一切，看到自己的优势和资源，给自己更多可能性和选择。

2. 情绪按钮

找到情绪按钮，当遇到糟糕事情时，对自己说一声"暂停"，按下暂停键，让自己立刻从当前的事情和情绪中跳出来，看清楚当下是什么情况。

3. 给自己空间

让自己的节奏慢下来。可以用之前学到的方法，如腹式呼吸法，关注自己的身体感受，想象有很多架摄像机在拍摄自己，或者转过身停止说话、心里默默告诉自己"让我休息一下，让我想一想，让我先出来，先喘口气"等。

4. 用更合适的方法疏导情绪

放慢自己说话的语速，慢慢地说出此时此刻自己内心的感受，比如"我现在有些生气，有些不高兴，有些难过"等，这一步就是看到自己的情绪，也接纳自己的情绪。能慢慢将感受说出来的时候，情绪就能慢慢平静下来。

5. 理性情绪疗法

面对同样一件事时，不同的人的情绪和行为却不一样，这是因为不同的人对

同一件事的信念和理解不同。也正是一些不合理信念才使我们产生情绪困扰，所以改变不合理信念，比如绝对化要求、过分概括的评价、糟糕至极的想象，就能改变情绪。

小辉的父母首先要学习和练习这些情绪管理的方法，如果他们之间的矛盾过于激烈，不能依靠自己形成合适的互动模式，一时难以解决，也可以在婚姻咨询的帮助下找到情绪问题的症结，养成照顾自己情绪的良好习惯，进而给孩子提供一个良性循环的家庭教养环境。

同时，小辉也能模仿父母控制情绪的做法，从中学习到控制和照顾自己情绪的方法，从根本上解决自身的人际关系问题。

（二）学会去理解和接纳孩子

接纳孩子感受的方法包括：专心聆听孩子，用简单的词语回应孩子的感受，帮助孩子说出他的感受，在倾听的过程中不评价、不指责，把自己的情绪收起来，用关注的眼神和身体姿势传达对孩子的爱。

（三）培养孩子的习得性乐观

克服厌学问题，需要孩子努力的地方很多，而父母能干涉的很少，父母只能慢慢引导，陪着孩子犯错、遭遇挫折，在不断试错中总结经验，让孩子获得属于自己的能力，积累属于自己的尊严。这是个特别不容易的过程，家长始终要做到培养孩子的习得性乐观，保持积极心态，多看到孩子的努力，加速孩子的积极改变。当孩子在努力的过程中积淀了自尊和自信，同时他还不确定自己这样做是否真的合适、需要外界的反馈时，父母肯定的反馈会让孩子积累更多自尊和自信。

强化孩子的改变的方法是：在平时的生活中，把孩子的成长、变化总结和记录下来，及时反馈给孩子。当父母和孩子遇到困难时，也要坚持看到积极的、有希望的一面，寻找多种解决方案，看到孩子身上的可能性，也帮助孩子看到全新的自己。

可以使用的方法有：用描述性的方式真诚地赞美孩子（包括描述父母看到的事实，描述父母的感受，以及把孩子的努力总结成一个特质），帮助孩子发现自己的变化，让孩子在任务中成长，让孩子无意中听到家人对他的正面评价。

（四）遵守规则，以身作则

制定既有效又能合理实施的规则，需要保持夫妻间的言行合一，不断调整，把遵守规则变成习惯。如果发现孩子不能遵守规则，最好的方法是理解。孩子要么有困难，要么不重视，能解决这两个问题的方法就是以身作则，这样既能理解孩子，又能显示出这件事的重要程度。

（五）学会放手，一起承担后果

在孩子还小的时候，家长往往会代替孩子去解决问题。这样虽然能避免孩子受伤、犯错，帮助孩子规避风险，却也剥夺了孩子获得能力的机会。随着孩子渐渐长大，当他必须独立时，能力却跟不上，就可能会出现很多适应性问题。因此，家长要学会"忍耐"，忍住自己指导孩子的急切心理，给孩子试错的机会。这个过程确实很艰难，但是孩子成长的路就是不断试错的过程，只有他自己疼过，才能学到经验。

观察和评估孩子需要提高的能力，鼓励孩子自己想办法，摆正心态，和孩子一起承担后果，让他不断试错，直至他能自己解决为止。这个时候切忌操之过急，孩子必须把没走过的路自己走一遍，才能有所成长。

所以，在孩子小的时候，如果遇到的困难靠他自己就能解决时，父母就要放手，让他积累独自解决困难的能力和经验。随着成长中学习和社交方面的压力增大，他独自掌握的能力也会随之变强，独自应付之余，甚至可以做到主动管理、计划，规避风险。

随着孩子年龄的增长，他所面对的困难会越来越复杂，我们能做的就越来越少，甚至还会帮倒忙。每个孩子在成长的道路上都会遇到困难，家长可能看到别人家的孩子解决问题时得心应手，难免为自己的孩子心急，但那只是由于别人有积攒解决问题的经验；此时，家长要做的就是缓解自己的焦虑感，适时放手，让孩子多尝试、多锻炼。

到了最后，大家会发现，理想的家长其实像一个成天"傻乐呵的胖将军"。

"傻"指的是：家长要总说"我不行，我不会"，将解决问题的主动权交到孩子的手上，只要孩子做出来就赞美他的努力，并带着尊重和好奇去理解他的想法，

更要理解他的失败。

"乐呵"指的是两个方面：首先，父母要有自己的生活和爱好，让自己活得快乐；其次，父母要有很强的感染力，能把快乐传递给别人，让别人也高兴起来。

"胖"指的是："肚大能容"，家长要学会容纳或接纳，能容纳负面情绪和糟糕的事，还能让孩子体会到快乐和放松。

"将军"指的是：父母要有真本事，能管理情绪，也能解决问题。知道孩子以后的路会怎么发展，也知道孩子有多少能力，什么时候该放手，什么时候该引导，失败后怎么样能让孩子有尊严。重点是父母能在持续的困难中，忍受找不到路的恐惧和煎熬，并有坚韧的毅力始终保持积极乐观。

五、总结与家庭作业

(一)总结

通过本节案例，我们看到了一个既在学习上有困难，又在人际关系上遇到难题的孩子，了解了厌学背后的真正原因，也了解了孩子自己克服厌学情绪需要做的努力，以及家长需要做的事——提供温暖的支持，在一路摔跤的过程中支持孩子，信任孩子。

(二)家庭作业

本节内容并不局限于厌学问题，无论你的孩子遇到什么关于学习的问题或困难，你都可以从上面的内容中获得帮助。

1. 你的孩子关于学习的困难是什么？（比如偏科、很努力但成绩一直没有提高等）

_____

2. 分析存在这种困难可能的原因。

（1）孩子自身原因：

_____

（2）学业原因：

_____

（3）家庭原因：

_____

（4）其他原因：

_____

3. 针对具体原因，根据本节内容提出具体可行的解决步骤。

步骤 1：

_____

步骤 2：

_____

步骤 3：

_____

步骤 4：

_____

步骤 5：

_____

步骤 6：

_____

◐

本章总结与作业

在孩子的成长道路上，家长会遇到一些共性的困扰。烦恼孩子写作业太拖拉，担心孩子在校处理不好人际关系，最头疼的就是孩子出现厌学问题。本章介绍了3个出现以上困扰的真实案例，在帮助这3个家庭的同时，也回顾了前面章节中介绍过的养育理念和方法，如管理自己的情绪、接纳孩子的情绪、制订分步计划、激发孩子的同理心、帮助孩子培养考虑后果的能力等。你可以通过回答本章的问题，对本书中的养育理念和方法进行查漏补缺。

养育之"道"

请你回答以下问题，以便更清晰地了解自己的养育理念。

1. 你更同意以下哪种说法？

A. 孩子要把每次的家庭作业当作是考试，要尽可能地追求100分。

B. 每日家庭作业的目的是查漏补缺，孩子在作业中犯错误，可以提醒他知识漏洞在哪里。

2. 你认为哪种说法更对？

A. 孩子厌学，是因为孩子太懒，只想轻松，不想刻苦。

B. 孩子厌学，可能是学业出了问题，也可能是人际关系出了问题，家长要帮助孩子找到原因，重新找到上学的乐趣。

3. 你更同意以下哪种父母的说法？

A. 人一旦成年了以后，性格、处事方式一般都不好改变了，但是孩子还有塑造的可能，所以我应该把全部的重心放到孩子身上。

B. 家长是孩子的榜样，也是孩子最重要的支持者，所以我应该自己过得快乐一些，既能把快乐传递给孩子，又能对孩子言传身教。

答案解析：

答案没有绝对的对错之分，但是我们认为每题的 B 选项是更优答案。

本章的内容是在阅读了前 3 章内容的基础上，对养育理念的应用。在两个选项的对比中，你可以概括出我们本章案例中蕴含的养育理念，即对孩子应该有合理的期待，不能要求孩子时时刻刻都尽善尽美；当孩子出现逆反行为时，首先要想到的应该是孩子遇到了困难，需要你帮助解决；家长要做高情商的、有自己快乐生活的父母，而不是焦虑的、一切以孩子为中心的父母。

在回答完以上问题后，请你总结自己在养育理念上的进步，并和你的家人一起完成以下家庭作业：

请完成画作——我的一家（需要画两幅，一幅为学习之前的"我的一家"，一幅为学习之后的"我的一家"）。和家人分享并解释你的画作。

养育之"术"

请你回答以下问题，以便更清晰地了解自己的养育方法。

1. 应对孩子写作业拖延的问题，你觉得哪种方法更对？

A. 每次孩子写完作业后，帮助他更改错题，再让他额外练习相应的提高题，

帮助他学得更牢固。

B. 承诺孩子，只要在 8 点钟之前写完作业，就带他出去玩轮滑，或者让他看想看的漫画书。

2. 孩子放学后，你发现他的衣服破了个口子，经询问得知是在和朋友打架时弄破的。你觉得哪种做法孩子更能够接受？

A. 告诉孩子不许再跟那个孩子玩了，那个孩子下手没轻没重的，叮嘱孩子一定要跟好学生一起玩。

B. 询问孩子事情发生的经过、是否受伤、是否被欺负等，帮助孩子分析他自己和朋友当时的情绪、需求和动机，引导孩子提出解决问题的方法。

3. 你认为哪种父母更明智？

A. 在孩子每次求助时都能精准地给出解决问题的方法。

B. 在孩子每次求助时引导孩子自己想办法，只在必要时提供具体的帮助。

答案解析：

答案没有绝对的对错之分，但是我们认为每题的 B 选项是更优答案。

本章的内容是在阅读了前 3 章内容的基础上，对养育方法的应用。在两个选项的对比中，你可以概括出我们本章案例中所使用的养育方法，即要善用奖励，提高孩子的学习积极性和主动性；充分倾听，了解孩子的需求，引导孩子自己想办法；鼓励孩子的独立性，让孩子自己尝试解决问题，而不是一味听从家长。

在回答完以上问题后，请你总结自己在养育方法上的进步，并和你的家人一起完成以下家庭作业：

在本章的最后我们提到，父母要做一个成天"傻乐呵的胖将军"，现在打开你的脑洞，想象以下情景：你的孩子成了一名疯狂的追星族，因为每天追星，无心学习，老师已经向你投诉 3 次了，作为一名"傻乐呵的胖将军"，你将如何应对呢？

傻：

_____

乐呵：

_____

胖：

_____

将军：

_____

A FTERWORD
后记

　　一路走来，我们首先明白了理解和接纳孩子的重要性，学习了在挑起家庭战争时及时刹闸的方法，了解了家里规则不起作用的原因和解决方法，知道了要多关注孩子的优点并参照培养出了优秀孩子的家庭的养育理念。有了目标后，我们开始学习成为高情商的父母，学习及时控制情绪和系统疏解情绪的方法，进而在平静的情况下接纳孩子的情绪，关注事实、培养习惯，就事论事地解决问题。这样不仅进一步拉近了与孩子的关系，还给孩子树立了一个高情商的好榜样——遇到问题先能控制住自己的情绪，使情绪让路，让理智先行。这些都为孩子的独立做好了技术上的准备——放手、尊重、不干涉、一起承担后果，以及心态上的准备——杜绝习得性无助，培养习得性乐观。最后，我们学习了培养孩子高情商的方法：认识自己和他人的情绪与动机；引导孩子在遇到事情时控制情绪，理智先行；先学会勇敢探索多种解决问题的方法，再学会考虑后果；分步计划，执行调整后试错。孩子在父母的支持、引导下激发出勇气，不断努力挑战困难，逐渐壮实自己的臂膀，积累属于自己的尊严。

　　本书的目标是让父母把肩膀上的重担放下来，从催着孩子、拉着孩子到陪着孩子，看到他眼中的世界，然后引导他迈开自己的脚步，展开自己的翅膀。我们的整体课程的核心理念就是传达爱与相信。也许父母们在学习完所有课程之后，会发现自己忘记了很多方法，自责没有做得更好，和孩子的关系还没有达到理想的效果，但是大家要记住这两点——爱与相信，相信你对孩子持有最本真的爱，对家庭持有最本真的爱，只要你所有的行为都源自这些爱，你的孩子就会用爱来回应你。亲子关系的改善是一辈子的事，即便你曾做过或者以后会做一些让孩子伤心的行为，只要你爱孩子，一切都不算晚。